Contents

Schweizerische Erstaufführung

Die Schlacht

Szenen aus Deutschland
von Heiner Müller

Inszenierung	Harun Farocki/Hans Zischler
Bühnenbild	Wolfgang Mai
Kostüme	Franziska Loring

1

Die Nacht der langen Messer

A	Georg Martin Bode
B	Peter Siegenthaler

2

Ich hatt einen Kameraden

Soldat 1	Michael Hornig
Soldat 2	Victor Curland
Soldat 3	Jochen Porger
Soldat 4	Volker Spahr

3

Kleinbürgerhochzeit

Mann	Georg Martin Bode
Frau	Rosel Schäfer
Tochter	Brigitte Karner

4

Fleischer und Frau

Fleischer	Victor Curland
Frau	Rosel Schäfer
Kundin	Susanne Granzer
Kunde	Georg Holzner
SA-Trupp	Helmut Berger, Georg Martin Bode, Victor Curland, Michael Hornig, Jochen Porger, Volker Spahr

5

Das Laken
oder
Die unbefleckte Empfängnis

Alte Frau	Rosel Schäfer
Junge Frau	Susanne Granzer
Der Mann	Jochen Porger
Der Soldat	Helmut Berger
1. SS-Mann	Georg Martin Bode
2. SS-Mann	Michael Hornig
Kommandeur der Roten Armee	Volker Spahr
2 Rotarmisten	Georg Holzner, Peter Siegenthaler

6

Traktor

Es spielen	Susanne Granzer, Brigitte Karner, Rosel Schäfer; Helmut Berger, Georg Martin Bode, Kurt Fischer-Fehling, Georg Holzner, Michael Hornig, Jochen Porger, Volker Spahr

Regieassistenz: Max Färberböck; Inspizienz: Robert Hauck; Bühnenbildassistenz: Robert Hranichny; Souffleuse: Gertrud von Bastineller; Technische Leitung: Walter Simon; Bühnenmeister: Franco Panariello, Urban Schöpflin; Beleuchtung: Gottfried Simkovics; Ton: Emil Achermann; Kostüme: Elfriede Meyer, Günter Pfleiderer; Masken: Elke Ullerich; Kascheur: Christoph Bosshard. Die Dekoration wurde in den Werkstätten der Basler Theater hergestellt. Werkstättenleiter: Walter Ganz; Malersaal: Eugen Goll; Schreinerei: Oswald Gabriel; Requisiten: Heinz Mattmüller, Sigfried Sidler.

Keine Pause

Bühnenrechte: Henschelverlag Kunst und Gesellschaft, Berlin/DDR, vertreten durch Verlag der Autoren, Frankfurt/Main.

Taking the Offensive on Resistance
A Conversation with Klaus Völker

Volker Pantenburg: The staging of Heiner Müller's *The Battle/Tractor* was the only time Harun Farocki—together with Hanns Zischler—directed for the theater. You were Theater Basel's dramaturge at the time. How did the collaboration come about?

Klaus Völker: We wanted to stage *The Battle* in Basel. That was my suggestion. Hans Hollmann, then-director of Theater Basel, was interested in the project, but said he wouldn't get around to it for some time. So, I called Karlheinz Braun to see if he had an idea for a director. He drew my attention to Farocki/Zischler, who were staging a didactic play by Müller for Sender Freies Berlin, possibly *The Scab*.

VP: No, that was also *The Battle*. I think the SFB production was the blueprint for the staging in Basel. The TV version was broadcast on May 10, 1976.

KV: I can't remember if I saw the SFB version. I knew Farocki through Lissa Bauer. We hadn't seen each other in a few years, but we'd been friends since my time in Berlin. I spoke with him on the phone, and we had a brief meeting. Both Zischler and Farocki were really keen on directing together at the theater. Then it was a question of dates—it was on relatively short notice, in the coming autumn, not the usual one or two years of planning. It's clear from my letter to Harun of August 12, 1976 how we did the casting. To this end, there was another meeting in Berlin with the two of them. Due to the simultaneous allotment of the autumn season, it had to be clear: Who is acting in which play? At Theater Basel, there were performances on multiple stages at the same time, and, for the plays to run simultaneously, certain actors had to be crossed off. Sorting this out was the dramaturge's job. In any case, we largely decided on the cast in Berlin as I had proposed in my letter, where names are already mentioned.

VP: In Hanns Zischler's text "Working with Harun," he writes about their time together in Basel, and names Helmut Berger and an actress who was especially vital for the production.

KV: I'm sure that was Rosel Schäfer. She was really good in the performance. She played The German Woman in *The Battle*. She identified politically a bit with the role too.

3

VP: Was it a political statement to stage Heiner Müller in the West and, moreover, in Switzerland?

KV: Yes, it was. We were attacked in the conservative and traditional Swiss press. Mainly by Ulrich Seelmann-Eggebert. He was already blind in one eye, but for theater, he was actually blind in both. He wrote a piece for the *Neue Zürcher Zeitung* [*NZZ*, New Zürich Times] titled "GDR festival in a theater in Basel"[1], and later became a writer for the *Rheinischer Merkur* in Germany. Other reactionary West German papers published similar attacks. Seelmann-Eggebert had had it in for us since my time in Zürich. He was also opposed to Peter Stein's theater. The avantgarde staging at the Schauspielhaus theater festival in June also got chalked up to us.

VP: Was it not risky to hire Farocki and Zischler—neither of whom had any experience in theater—to direct Heiner Müller's play?

KV: Taking such risks was one of my peculiarities. I experimented, and the people who looked interesting to me were also expected to try things out. That's where my interest in the Heiner Müller play came from. When I was in Berlin before the premiere of *The Battle/Tractor*, Heiner gave me the "Gundling" [*Gundling's Life Frederick of Prussia Lessing's Sleep Dream Scream: A Horror Story*]—the play had just been finished—to discuss with him, and then he came to Basel too. He was present for three or four of the final rehearsals as well as the premiere in early November. I wanted to do *Gundling* with Luc Bondy. I did not want to garishly dress it up in the way Heiner Müller was often staged and how some directors did it—for example, Christoph Nel later with *Mauser*. I wanted to show it more as a tender, sensitive play. Luc Bondy was interested, and we started working on it immediately and began making plans. But we threw in the towel. There was of course resistance in Switzerland to the things we were doing— that became clear during the scandal around a production of *Othello*. The theater itself was daubed with graffiti: "Out with Hollmann!" That premiere had just happened, and those were also the circumstances in which *The Battle/Tractor* took place. We organized an introductory event with Heiner Müller, and I kept telling the audience that they shouldn't see it in the way that was common in West Germany. In Switzerland, people had the advantage of being able to watch Heiner Müller and leave out the

---

1   Ulrich Seelmann-Eggebert, "DDR-Festspiele im Basler Theater" (GDR festival at Theater Basel), *NZZ*, November 11, 1976.

German problems, see it more neutrally, as though it were a play set in Australia or Mexico.

VP: Were you at the rehearsals as dramaturge?

KV: As much as could be arranged, but not at every rehearsal. Distance is also important: If you are there every day as a theater employee, you don't have the necessary distance. It's helpful to skip two days here and there and then see what's been achieved, to be able to describe the changes or say if it's good or bad or if it works in the context you're dealing with. For the productions where I was dramaturge, I attended many, many rehearsals. But since I was something like the theater's head dramaturge, I also needed to set certain things in motion for the upcoming season. Besides, I was at the Frankfurt Book Fair that autumn, which was taking place at the same time. My Brecht biography appeared in 1976.[2]

VP: A busy year for you …

KV: Yes, it was a busy year. I would often board a sleeper train after the rehearsal and arrive in Amsterdam the next morning. Or Berlin, although I mainly flew to Berlin.

VP: The program booklet that you made for *The Battle/Tractor* is very interesting—very carefully selected images, good texts. That was surely one of your main tasks as dramaturge.

KV: I tried to find the specific photos in illustrated volumes in the library.

VP: Is there something in this work that, in your opinion, was characteristic of Farocki? Something different from the working methods of other directors?

KV: What we were doing there was taking the offensive on resistance. We tried to win people over for the theater or for the problems it dealt with—to open their eyes. For example, Zischler and Farocki rented a tractor with a trailer and did a kind of street theater on it. They drove through the city one afternoon to promote the performance and took a puppeteer along with them. Passersby stood to watch and we handed out fliers to them with the dates of the performance.

---

2   Klaus Völker, *Bertolt Brecht: Eine Biographie*, Munich and Vienna, 1976; *Bertolt Brecht: A Biography*, trans. John Nowell, New York, 1978.

VP: There are great photos of that action. I always thought of it as a kind of guerilla advertising campaign, like those Farocki occasionally did later as well. But then we found an official document among his papers, an "Open-Air Loudspeaker Permit," issued by the police authorities of Kanton Basel-Stadt—which includes details of the times and places it was permissible to use a megaphone. That seems very Swiss to me.

KV: Yes, a lot was possible, but you had to follow the legal guidelines.

VP: We spoke briefly about Seelmann-Eggebert's hatchet job, but what was the audience's reaction at the premiere? Was the play well-received?

KV: People got up and left during the performance, but overall, the audience appreciated it. The performance was rather long, not least since there was still *Tractor* to sit through after the break. Hollmann spoke in favor of making cuts, but I fought against that and tried to explain that the duration was important. There were also enough people who came that were interested in the topic and that didn't let the press mislead them.

It was important that we did something like that. In Basel, as in other cities, there was a paper that lay in people's mailboxes each morning, and that was paid for by advertising. It was a free paper with a news section as well as theater reviews. And the woman responsible for the theater section was our worst enemy.

Another factor was that the earlier fans of the Komödie theater, which now belonged to Theater Basel, were disappointed that boulevard theater—which had previously been what was primarily on show there—as well as French guest performances, no longer took place at the Komödie. It wasn't Egon Karter's private theater anymore; it had been his house, but now was an integral part of our house. For that reason, there were always big fights around the Komödie. And when the new house was opened, the Komödie fell a bit behind at first. By staging unusual plays, we were trying to reach another audience. And an audience did come that had previously not gone to the theater, while the earlier Komödie subscribers cancelled their subscriptions—the way it always is when a new director comes and does something different from the people before.

VP: In 1978, together with Heiner Müller, Farocki adapted *Die Hamletmaschine* [*The Hamletmachine*, trans. Marc von Henning] as a radio play, even before the text had been staged as a theater piece. This is another interesting connection between Müller and Farocki. After collaborating on the performance in Basel, did you do anything else with Farocki?

KV: I wasn't in Berlin until 1980. Then I came back and was at the Schillertheater. Farocki was interested in Peter Lorre; I had an old film featuring him, so I appreciated him too and had done some research about him and compared notes with Farocki. In America, Stephen D. Youngkin was writing a book on Lorre and wanted to ask me some questions about him—Harun always facilitated that. Youngkin was in Berlin from time to time, and we sometimes met in Harun's apartment. But only Zischler directed twice at the Schillertheater. In 1983, he staged a play by Vladimir Mayakovsky—*The Mayakovsky Tragedy*, an early, somewhat futuristic play—which Heiner Müller and Ginka Tscholakowa translated.

VP: You kept notebooks back then.

KV: Yes, they contain quite interesting things. For example, I saw that Heiner Müller was at the dress rehearsal or the second rehearsal for *The Battle/ Tractor*. He came along with Stefan Schütz, who I also wanted to stage something with, and with Uta Birnbaum. They had come to Basel during the previous theatrical season to see the theater. During the dress rehearsal, when both were present, I noted a few things down. When *Tractor* started, they pointed out that tractor drivers in the GDR were considered "proles." The "proles" of the early postwar period—who were employed in mine sweeping among other things—had great prestige in the young GDR. They were needed by the party and the state for the construction and collective economy. Hence, they were granted special rights, they appeared boastful after work, and behaved like proles in the negative sense. They wore jeans, listened to Western music, and acted like rockers. They were called "rockers" by the common people, the farm workers. The tractor drivers were "privileged," they were allowed to take their liberties. Müller, Schütz, and Birnbaum explained this to me and gave us the courage to maneuver the play a little bit away from the GDR. It was interesting for Zischler and Farocki to talk to the three of them—to get an impression from people who knew the relationships up close or who, like Uta Birnbaum, had already worked with Müller and taken a crack at it.

Heiner Müller shortened the text somewhat for Basel. He'd already found it crazy that we were adding *Tractor*. He wasn't opposed to it, but he wouldn't actually have had any objections if we'd left out *Tractor* for time reasons.

The performance was long. There were hardly any enthusiastic reviews, but some people saw it and found it very good. Peter Rüedi (he lived in Basel, and I knew him), a jazz specialist who later did research on Friedrich Dürrenmatt (there's a Dürrenmatt biography by him), liked it. There were a few people in there who enjoyed the performance and appreciated that we'd done it.

VP: Does anything else about the production of *The Battle/Tractor* come to mind?

KV: Anecdotal things are probably less important, but one more thing comes to mind. We liked driving to Alsace, to a bar in Folgensbourg, where we'd make our criticisms after the performances over some good food. Heiner Müller wanted to come along, but this was France, and you had to cross a border. This wasn't a problem in principle, but the French border patrol sometimes looked at passports more closely. And Heiner Müller was afraid: Because he hadn't applied for it, a French stamp could not appear in his passport. I suggested: "Give me your ID—you just won't have one on you. You forgot it." So, we did the trip with five people in the car. At the border, I rolled down the window and held out our four IDs while we slowly continued driving. My plan worked: The border guard waved us through, because I had held out the passports so assertively. And like that, we were in France; we must have done something similar when leaving so that Heiner Müller's passport wasn't checked.

Interview by phone on September 17, 2021.

Heiner Müller
A Letter

Dear Mr. Linzer, Reading through your transcript of our attempt to talk about *Slaughter/Tractor*, I realize that it can not be published because, as far as my part is concerned, it is incorrect. The answers are imprecise, more an excuse for the fact that you can not eat art than information about my work. The fault lies in my aversion to talking about the pudding before it is eaten (and my sense of politeness which nevertheless induced me to do it). Art legitimates itself through innovation = it is parasitic, if it can be described with established aesthetic categories.

You ask about the "contemporary relevance" of *Slaughter/Tractor*. That you consider the question to be necessary suggests the answer: the erosion of historical consciousness by a trite concept of relevancy. The theme of fascism is relevant, and I fear it will remain so during our lifetime. The same holds for the question of the working majority of the population—which pays in more than it receives, especially in the sector of material production—as long as the reverse is true for a minority which is not disappearing quickly enough.

As for the connection to *Fear and Misery*: Brecht had to depend on documents and reports, secondary material, so to speak. This yielded an image of fascism according to the line of Marxist analysis (at that time as yet necessarily incomplete). A kind of ideal construction. His *Antigone Prologue*, written later with another dramatic technique, finally grasped the actual German phenomenon. Nowadays, everyday fascism is interesting: After all, we live with people for whom it was normal, if not the norm; here innocence is a stroke of luck.

Formally, *Slaughter/Tractor* is an adaptation of my own texts from twenty and more years ago, an attempt to construct a synthetic fragment. No dramatic literature has such a wealth of fragments as does the German. That has to do with our (theater) history's fragmentary character, with the repeatedly disjointed links of literature–theater–audience (society) resulting from it. The usual form of intercourse between three partners—until Brecht's historical chance—was *interruptus*, which, as is well known, eventually weakens the spine. Yesterday's necessity is today's virtue: Fragmenting a process emphasizes its character as process, prevents the disappearance of production in the product and its marketing, makes representation into a testing ground on which the audience can co-produce. I do not believe that a story with "beginning and end" (the plot in classical terms) can catch up to reality any more. By the way, the text treats situations where individuality has only a particularistic impact, blown out of all constraints (which naturally under certain conditions have been brought about by individuals).

As for what I consider to be your short circuit between scarcity and brutality (second most favored word of would-be censors, the source of recruits today as well as yesterday for academic yellow journalists, among whom I do not count you, and whose polemics bore me): I do not possess the far too widespread talent of rousing an overworked audience with harmonies it can only dream about.

When, in response to your question about why our theaters have a "difficult time" with my plays (a euphemism: in general they do nothing with my plays), I cite the naturalism into which the theater has sunk up to its neck, that is not wrong but rather a half answer. Naturalism is the expulsion of the author from the text, of the author's (director's actor's spectator's) reality from the theater.

If, for example, *Construction* is thought to represent something "under construction," it can not be staged. The distance (the attitude) to the material (I am not a construction worker engineer Party functionary) is inscribed in it, belongs to the play's reality, and must be shown. Or the silly fight over *Macbeth*. The stupidity of reading a series of situations as the author's wishes. A play comes alive in the contradiction between intention and material, author and reality; every author has the experience of texts that "resist the pen"; whoever yields in order to avoid the collision with the audience is, as Friedrich Schlegel remarked, a scoundrel, sacrifices impact to success, condemns the text to death by applause.

This kind of theater becomes a mausoleum for literature rather than a laboratory for social imagination, a preservative for superseded conditions rather than an instrument of progress. Talent is a privilege, and privileges have their price. With expropriation under socialism, wisdom becomes narrow-minded, the aphorism becomes reactionary, the classicist's pose requires Homeric blindness.

The fact that, despite Brecht, we are still/again choking on naturalism has to do with the (unmastered) dialectic of objective expropriation and subjective emancipation. We can no longer keep ourselves out of our work, a position that for Brecht—in the latter years of emigration, isolated from the real class struggles—may have been a workable attitude. *Chalk Circle* stands closer to naturalism (that is what makes it a repertory play) than the *Fatzer* fragment or *Woyzeck*, which relinquish it.

I do not believe in theater as an end in itself. The collision of epochs reaches deeply, and painfully, into the individual who is still an author and yet can no longer be one. The rupture between text and author, situation and person, provokes/announces the explosion of continuity. If cinema observes death at work (Godard), then theater treats the horror/joy of transformation in the unity of birth and death. This constitutes its necessity. The dead no longer play a role, except for urban planning.

Thank you for the dialogue which forced me to write this monologue.

First printed in German in *Theater der Zeit*, no. 8 (1975). First published in English translation in *Theater*, vol. 17, no. 2 (1986).

The title of Müller's play has been translated differently. The first translation of *Die Schlacht* by Marc Silberman, Helen Fehervary, and Guntram Weber was published in the aforementioned issue of *Theater* in 1986 under the title *The Slaughter*. A later translation by Carl Weber, published in 1989 in his edited volume *The Battle: Plays, Prose, Poems by Heiner Müller*, used *The Battle* as a title.

Klaus Völker
Letter to Harun Farocki

Basler Theater
Stadttheater/Komödie
Dramaturgie
Theaterstrasse 1

To:
Harun Farocki
Grunewaldstr. 88 / 2. Hof III
D 1 Berlin 62

References: kv/pk
4051 Basel, August 12, 1976

Dear Harun,

The start of rehearsals for THE BATTLE is fast approaching and it would be good to confirm the final sequence of scenes and the cast now.

Exactly how many actors do you need for the production? You know with the large number of our productions with overlapping casts, arranging an optimal rehearsal schedule is complicated.

THE BATTLE runs parallel to the final stages of rehearsals for the plays MUSIK, SCHWEINEPRIESTER, and OTHELLO. BUDDENBROOKS follows OTHELLO and in the final stages of THE BATTLE, Strindberg's PLAYING WITH FIRE will have already begun. Since there must be another play that runs on the same evenings as THE BATTLE, the cast of MUSIK cannot be considered for THE BATTLE. This only applies to Adolph Spalinger and Rosel Schäfer, who were on the list you gave me earlier in the year. However, since Rosel Schäfer would be important for the production, we are looking for an understudy for MUSIK. As you know, Verena Buss is playing Tony Buddenbrook; it is, with respect to the text, the lead role, so you can hardly count on Verena (who had shown interest in THE BATTLE as well) for the rehearsals, except in September when she is back from her film in South America and OTHELLO is still in rehearsals.

Here is a list of actors who can be cast in THE BATTLE and are not engaged
for BUDDENBROOKS:

Judith Melles
Rosel Schäfer
Hertha Schell
Susanne Thommen

Werner Am Rhein
Helmut Berger
Georg Martin Bode
Victor Curland
Kurt Fischer-Fehling
Georg Holzner
Michael Hornig
Jochen Porger
Peter Siegenthaler
Volker Spahr

Beyond this list, other actors necessary for the production will need to
be added from the BUDDENBROOKS team (i. e. with actors who have less
demanding roles there).

Please send me as soon as possible a list of the individual scenes with
the most precise descriptions possible of the roles (perhaps a cast based on
your earlier wish list as well) so that I can plan a preliminary cast.

Where can you be reached by phone and when will you arrive in Basel?

Warm wishes,
Yours

Klaus Völker

Harun Farocki
Images Could Mean Anything

We wanted to obtain film excerpts to accompany Heiner Müller's scenes
The Battle/Tractor. Most of the documentary images that exist have hardly
any value as documents. One has to wish for images that precisely reproduce small singularities of a specific time. What one finds are images that
people have taken to realize stupid little figures of speech. They cannot
simply set up a camera and film the way a platoon marches into a city or a
tank rolls over a field. They need to generate these meaningless effects: the
smack of the soldiers' boots; dignified women and timid girls looking out of
windows; tanks stirring the ground, and smoke coming continually out
of cannons, and dirt spraying upwards. It is hardly events that are recorded,
almost only metaphorical images. Buzz-images like buzzwords. This whole
phraseology: the images have only documented the lingo of journalism at a
given time, maybe that is all they have ever done. To accompany the scene
"SA marches," we show a film clip that was made in 1934 at the Oranienburg
concentration camp while it was still under the SA's control. One sees men
in civilian clothing who are afraid and are trying to hide their fear. Lined up
on a square, they have laid their caps on the ground in front of them. SA
men show them how to do the gymnastic and exercise routines they are to
perform, and then they do them while the SA, weapons over their shoulders,
strut past with their disgusting guards' walk. With a "we have everything
under control" step. This footage was shot to show the concentration camp
as a place where "elements" are subjected to a kind of gymnastic improvement.
To demonstrate that things go gently there, a point is made to show that
the SA demonstrates the routines as a teacher, not ordering or forcing them.
But something else is visible: the SA is exercising its own awareness,
which others must reproduce, and then watch over their own degradation
in the exercising inmates. Also visible is that apartment blocks stand in
the background of the image. The people who live there will later say that
they never saw a concentration camp. For the "Petty Bourgeois Marriage"
scene, we wanted to assemble a chronicle of Hitler published in images. In
each scene, a picture of Hitler is hanging on the wall, and we have now
extended Hitler's representation into a seven-minute sequence, starting in
1928 with an appearance before the SA and ending in April 1945 the last
time he was filmed. Everyday a celebration: Nazism had daily processions,
and filmable appearances were constantly being arranged for Hitler. Still
frames have come out of this: Hitler the expert commander among his

cheerful officers; Hitler being introduced to a soldier who must bend his back; Hitler invited (the film is silent) to touch the soldier's back and doing so reluctantly. The cameraman assumed that Hitler's mere existence was a reason to let the camera run, so he does not even omit an incomprehensible triviality, thus, unintentionally producing a documentary moment. The footage showing Hitler and his entourage in Paris also stands out from the usual means of expression. It was made by an amateur for Speer's private use. Empty Paris in the morning, emptied for reasons of security. Now, it looks as if a few soldiers in uniform were training for an official visit, and this is also how Jerry Lewis would depict the great dictator's appearance before the Eiffel Tower. We edited all of the images of Hitler together, the way Leni Riefenstahl designed her parade films: following the system of additive amplification, which logically cannot be, which is only an attempt to surpass one empty climax with the next. We found forty-five seconds of film, in color, showing how the SA marched through Brandenburg Gate in 1933. Due to some technical shortcomings, there are a few jumps between the shots, however one could believe that everything was reenacted. Not because the Agfa film stock from 1933 would not have allowed such footage; I find it unbelievable that an image exists for a historical hour that one can imagine so vividly. Twelve years later, American pilots attached amateur movie cameras to their airplanes and filmed a Berlin in which, aside from Brandenburg Gate, there were hardly any recognizable buildings. They filmed destroyed Berlin from the destroyer's perspective. We could not imagine finding images from the Soviet-occupied zone and later GDR that showed the redistribution of the land. What could one show other than some dirt? But there were plenty of images of cornerstones, surveyors, tractors with banners arriving on freight trains. We inserted film images in the performance of Heiner Müller's scenes: the way he does with words, we flipped the images back-and-forth in order to produce a spark of practical value from this everyday detritus of images.

Basler Theater Direktion (ed.), *Die Schlacht: Szenen aus Deutschland*, compilation: Klaus Völker. Premiered on November 2, 1976, not paginated.

Klaus Völker
Written Notes/Jottings (1976)

April 6: Agreed to stage *Battle* with Harun Farocki, who wants to work with Hanns Zischler. Farocki is currently making a TV version of the play for SFB [Sender Freies Berlin]. I know him from my time in Berlin. He could also always be found on Lissa Bauer's coat-tails.

On May 7 and 8, Farocki and Zischler are in Basel for preliminary talks. Questions about casting. Up for debate among the women: Rosel Schäfer, Verena Buss, Hertha Schell, and a young actress. Among the men: Siegenthaler, Helmut Berger, Spalinger, Jendreyko.

In Berlin on Pentecost and with Adolf Dresen in Güstrow (preparing our Barlach production for Basel). Roger Melis takes photos. Back to Berlin with him on June 9.

June 10: at Heiner Müller's and Ginka's, who were in the U.S. for 7 months. H.M.: "There are no ideas there, only facts." Evenings in the Schaubühne: Bondy's staging of *Die Wupper* (Lasker-Schüler). On June 11, return flight to Basel. On June 13 and 14 in Munich. Book launch: my Brecht biography. On June 15, back to Basel.

September 2: Farocki and Zischler arrive but cannot start rehearsals yet. The actors are still busy with other plays.

September 5: Felix Prader here too, with set designer Christian Göbl. Mock-up set rehearsal, *Playing with Fire* (Strindberg). After, meeting with Farocki/Zischler. Verena Buss. All of us in the restaurant "Charon." The next day, scheduling talks for *Battle* rehearsals. The premiere date November 2 must be kept. Cast of *Buddenbrooks* must not overlap. Overlapping of the casts of *Battle* and *Playing with Fire*.

Mid-September: Book fair in Frankfurt. Mao died. Discussion about Brecht and my book, radio/TV. With Kroetz, then with the Mao communists who are running around with mourning bands. – Back in Basel. Hollmann's *Othello* performance has caused a scandal in the right-wing press. "Othello, ugh," "Out with Hollmann." Further premieres: Essig's *Schweinepriester* [Pig priest] and then Wedekind's *Musik*. Lots of press hysteria, discussions.

Anyway, "theater" is in everyone's mouths. Hollmann starts rehearsals for *Buddenbrooks*. Farocki and Zischler are rehearsing too. Birnbaum and Schütz are sitting in on rehearsals.

October 11: A scene in *Tractor* is creating big problems because of our ignorance of behavior. Tractor drivers, says Uta B., were "rockers," absolute top earners. Schütz is tempted to go on stage and give demonstrations. Rosel Schäfer is very good as the Woman in the "Petty Bourgeois Marriage" scene. The entire scene should be played like puppets on wires.

October 28: In the evening at the airport, pick up Heiner Müller, who will be in Basel for approx. 10 days for *Battle*'s premiere. He has a new play about Frederick William of Prussia, Frederick the Great, and Lessing ready, and gives it to me to read. Maybe Luc Bondy should stage it.

October 29: Dress rehearsal, *Battle*. Heiner Müller is, as I've already often witnessed, rather disgusted by the production. He has mixed feelings about the individual scenes, likes "The Sheet" least, would like to get rid of it. Ultimately, performing *Tractor* in Basel is terribly crazy. He's bothered by the sanctified acting style. Later, he ascribes the production a certain "madness," which reminds him of Straub's methods. Afternoon, adult education center with a good 100 participants. Dr. Kachler, the director, poses—as usual—rather silly questions. The answers are easy to give, and we manage to win over the audience for Heiner Müller.

October 30: After the 2nd dress rehearsal, another in-depth critique, which makes us abandon the "Report from the Beginning." Otherwise absolutely crucial improvements too. Rosel Schäfer extraordinarily good in this staging. – Evening, reading with Heiner Müller, I introduce him. Q&A at the end with Harun, Zischler, Rosel Schäfer, Susanne Granzer.

October 31: Afternoon with Hans Hollmann, Reinhild Solf, Heiner Müller, Wolfgang Mai/Franziska Loring, to Folgensbourg in Alsace to eat at "Madame Yvonne," followed by a walk. Evening, an artist group from Shanghai with ballet. Very kitschy, not much good artistry. A mediocre, mixed program in the Soviet style. We leave during the break. – Very late visit to Brigitte Karner/Siegenthaler. Farocki/Zischler there too.

November 1: Dress rehearsal, *Battle*. Goes great. Despite the long running time, an intense, concentrated, imagination-stimulating work. Definitely some echoes of Grüber's or Straub's direction, but not subpar.

November 2: Premiere goes well. After the break, a few subscribers' seats remain empty. Hollmann finds the performance too long and recommends cuts. I'm against them. The thing has to be asserted. We won't win over declared opponents via false concessions. The Basel news prints hatchet jobs, sees the theater's reputation in danger, demands "perform Hochhuth!"

On November 8, Heiner Müller flies back to Berlin.

Selected and compiled by Klaus Völker from his notebooks, November 2021.

Hanns Zischler
Working with Harun

"We aren't Swabs, that's none of our business!" a "valiant" woman from Basel supposedly called out to us in Swiss dialect as we trekked, partly in costume, along Freie Strasse in the center of Basel on October 30, 1976, with large, neatly written banners: "STALIN: THE HITLERS COME AND GO THE GERMAN PEOPLE REMAIN / ON NOVEMBER 2ND IN THE BASLER THEATER." "We"—that was the group involved in the staging of Heiner Müller's *Battle* and *Tractor*; Harun and I were responsible for the direction. What we were carrying through Basel's Gothic, sallow Old Town and chanting into megaphones was not primarily a political message, but a little bit of pre-Shrove Tuesday music, a dramatic advertising gag of the kind that the renowned GGK Agency would have come up with, had it ever engaged in such trivialities. And it was a bizarre echo out of the "political years" in which demonstrations and monstrances were everyday news; a remake, however, in an unusual place seemingly far removed from Müller's material and thus unrealistic, theatrically unrealistic—and, in this light, (un)suitable for our work in a perplexing manner.

Working in theater was more than a small risk for both of us. Ultimately, one day at a time, one word at a time, one image at a time, we needed to provide evidence that our conceptions of how Müller should be spoken and acted were plausible and understandable for the actors. The requirements for success were rather vague: neither Harun nor I had directed theater before. However, as a kind of training, that spring we had mounted *Battle* for Sender Freies Berlin (and landed ourselves a red card from the broadcaster via a critical gloss—"Alarming Again"—in *Filmkritik*, typically not often read by SFB colleagues).

Maybe I should mention here that in 1976 Heiner Müller was still a rarely performed author. He was an "insider's tip" to be sure, although a very complicated one. Despite or even because of Hans Lietzau's major staging of *Philoktet* [Philoctetes] in Munich and Frank-Patrick Steckel's *Lohndrücker* [The Scab] at the Schaubühne Berlin, Müller's plays seemed unsuitable for interzonal trade. Frowned upon in the East, these GDR goods were too permeated with historical "material" and composed in a language refused by the 1970s, which had been paralyzed by its own present time. Müller stunk of Brecht. That was not wanted. When the dramaturge at Theater Basel, Klaus Völker, invited us to stage a play, we knew that we would be heading to an enclave.

My own experience in theater had been limited to a two-year dramaturgical collaboration (in the broadest sense) at the Schaubühne on *Halleysches Ufer*. On the other hand, in his rejection of traditional, effect-laden stage rhetoric (and especially its breakdown in the face of Müller's poetic-dramatic speaking style), Harun had developed a very idiosyncratic method of *unrhetorical*, rigorous speaking. Under no circumstances should the meaning of the words be drowned by the actor in a beautiful stream of speech or allowed to degenerate through an overabundance of gestures in the naturalistic musical accompaniment of a *performance*. The "labor of the notion," the permanently resonant critical distance—without which the spectator is hastily engaged but not provoked to active thinking— provided the unwritten grammar of the work in the rehearsals. (I should admit that the rigor of this severe, *arte povera*-oriented conception occasion-ally overwhelmed me as well and gave me doubts, even though an almost euphoric curiosity for the rehearsal process and the joy of a collaborative adventure and struggle against the old relics of the stage outnumbered the almost narcissistic dissent customary to theater in front of the ensemble, which, moreover, would have inevitably made our collective effort fail.) To convince the actors of this and to win them over not only for Müller but also for another, "improper" manner of performing was the hardest and most exciting part.

During the rehearsals, we acted as simultaneous interpreters. While the sometimes very special, theater-specific rhetoric, the *"Spilastik,"*[1] was more familiar to me, Harun could obviously bring his "foreignness" and film-oriented thinking, seeing, and speaking into play. Of course, this sometimes resulted in the actors overstraining in ways that were not always predictable. For example, when Harun, illustrating how Müller could be "broken," recalled the great moment before the execution in Godard's *Le petit soldat* (1960): *Avant de mourir, je veux citer un poème de Maiakovski !*[2]— hardly anyone in the ensemble could make anything out of this film (and this epiphany). And yet, paradoxically, it was precisely this overstraining and these uneconomical ambitions that—performed with corresponding euphoria and not overly stressed—generated a climate and scope within which a new perspective, a broader horizon first became possible. Our experiment (that's how we understood it from the get-go) was simplified by two actors who quickly found a way to make our "approach" (as they said back then) their own: Rosel Schäfer and Helmut Berger. It was also Rosel

---

1 *Trans. Note*: Theater jargon suggesting stale and routine acting.
2 *Trans. Note*: "Before dying, I want to quote a poem by Mayakovski!"

Schäfer who was able to translate our sometimes-contradictory intentions and perhaps not always clear directions so that the major monologue, the poem "The Woman" (from "Fleischer und Frau" [Butcher and wife]), was heard and seen on stage with a relentlessness at once frightening, anxious, and detached. She mopped the (stage) floor, and the way she spoke was never once colored by naturalism. We learned from her.

Working with Harun is a taxing *and* stimulating undertaking. Tenacious and seemingly unflinching, he is firm in prioritizing the effect over quick success. Patient insistence on effective duration, an anti-nihilistic perspective and a materialistic impulse determine his work's ethics and aesthetics. The moments when his train of thought falters are beautiful, because suddenly something new, foreign, the unfamiliar within the familiar have gotten in his way. Then we see him astonished and then the *conversational partner* we always wished for is revealed.

First published in German in *Der Ärger mit den Bildern. Die Filme von Harun Farocki*, ed. Rolf Aurich and Ulrich Kriest, Konstanz: UVK 1998, p. 23–26.

Traktor, Probenfotos, Herbst 1976

Tractor, photographs from the rehearsal, autumn 1976

Oben: „*Die Schlacht*, Basler Theater Komödienproduktion", 16 mm Originalnegativ, s/w, stumm, 1976, 15 Min., 4K Digitalisierung, Februar 2022.
Die Sequenz wurde in der Inszenierung von *Die Schlacht/Traktor* projiziert.

Above: "*Die Schlacht,* Basler Theater Komödienproduktion", 16 mm original negative, s/w, silent, 1976, 15 min, 4K digitization, February 2022.
The sequence was projected in the staging of *The Battle/Tractor*.

Links: Seite aus dem Programmheft

Left: page from the program booklet

Anja Quickert
Images Can Mean Anything
Reflections on What Remains: *The Battle/Tractor*

I. IMAGES

Images mean anything initially. Are durable. Spacious.
But dreams congeal, assume shape and disappointment.
No longer does an image grasp the sky. The cloud, from a plane:
Vapor blocking the view. The crane just a bird.[1]

The "images," which "initially" mean anything in Heiner Müller's epony-
mous poem of 1950, are located between the poles of two opposing dynam-
ics: their congealment, thus the loss of their spaciousness that provides a
source for ideas about the world, and their dissolution, the loss of their form
that dissolves their meaning into pure materiality. The congealing of images, their transformation, is ideologically motivated; their dissolution relates
to the observer's lack of distance, to the loss of perspective. For Müller, it
is not an issue whether images can depict the world. Instead, they convey
an extremely fragile access to its reality.

Heiner Müller conceives of writing through images. His point of depar-
ture, even for his dramatic texts, is poetry, the structure of a metaphor that
cannot be reduced simply to meaning. His text "Description of a Picture"
appears to be the redemptive attempt to recover the "erasure of the world in
pictures" (as referred to in *Tractor* at one point) in the mode of a descriptive
narrative, to revitalize the picture through action and temporality, and especially to explode the picture's frame through his description.

As a sculptor of language, Müller was always conscious of the "bombard-
ment of images" in his "lifelong compulsion to see." In the mid-1970s, he
expressed in a conversation with director Ruth Berghaus how existential and
programmatic the "image" remained for his thinking and writing: "One image
is always the suppression of other images, it conceals others. How do I have
the right to choose this image and conceal another? That is also associated
with selection. The persecution of Jews is the countermovement to prohibiting

---

1 The complete poem titled "Bilder" (Images) can be found in Frank Hörnigk (ed.), *Heiner Müller,
   Werke, vol. 1: Die Gedichte*, Frankfurt am Main: Suhrkamp, 1998, p.14. It is also printed on the
   cover page of the *Filmkritik* double issue no. 299/300 (November/December 1981) that is devot-
   ed to the theme of "images"; the journal *Filmkritik* was substantially shaped by Harun Farocki.

images. Auschwitz would not have been possible without an image of the Jew. You must have an image of something before you can destroy it."[2] Not only image production and use but also the act of seeing are political, and the theater is a place where seeing is collectively organized.

In a conversation with the philosopher Wolfgang Heise, Müller extended a line of thinking from Bertolt Brecht: "We should all distance ourselves from our own selves; otherwise, the terror is removed, which is necessary for knowing. I believe that is a central point, and many of his innovations and techniques can be subsumed under this category of distancing. We only see from a distance; if your eye is right next to the object, you don't see it. If you stick to yourself, you learn nothing."[3] For Müller, the drama does not take place on the stage but between the stage and the auditorium; he aims at "the unity of distance and affect [impact]."[4] As he declared in a conversation with Harun Farocki in 1981: "I'm interested in processing reality, not in reality itself."[5] Heiner Müller's treatment of "images," their power and political function, was one of the essential reasons for Farocki's interest in his work.

"We inserted film images in the performance of Heiner Müller's scenes: the way he does with words, we flipped the images back-and-forth in order to produce a spark of practical value from this everyday detritus of images," as Farocki explained his and Hanns Zischler's definitely unconventional approach to Müller's scenic fragments *The Battle/Tractor* by means of cinematic interludes.[6] He summarized their search for appropriate historical illustrations: "Most of the documentary images that exist have hardly any value as documents. [...] It is hardly events that are recorded, almost only metaphorical images. Buzz-images like buzzwords. This whole phraseology: the images have only documented the lingo of journalism at a given time."[7]

---

2   "Ruth Berghaus und Heiner Müller im Gespräch" (1987), in Hörnigk (ed.), *Heiner Müller, Werke, vol. 11: Gespräche 2, 1987–1991*, Frankfurt am Main: Suhrkamp, p. 99.

3   "Ein Gespräch zwischen Wolfgang Heise und Heiner Müller" (1986), in Hörnigk (ed.), *Heiner Müller, Werke, vol. 10: Gespräche 1, 1965–1987*, Frankfurt am Main: Suhrkamp, p. 503.

4   "Ruth Berghaus und Heiner Müller im Gespräch," p. 79.

5   "Mich interessiert die Verarbeitung von Realität. Ein Gespräch mit Harun Farocki" (1981), in Hörnigk (ed.), *Heiner Müller, Werke, vol. 10*, p. 162.

6   There is no recording of the Basel staging. All visual impressions refer to the Farocki/Zischler broadcast of Heiner Müller's *The Battle/Tractor* for the television program on SFB (Sender Freies Berlin) in Spring 1976. However, since Farocki's text was printed in the playbill for the theater staging, we can conclude that by and large identical film material was used for the Basel staging as for the television feature.

7   Harun Farocki, "Bilder könnten alles bedeuten," in *Die Schlacht. Szenen aus Deutschland*, compiled by Klaus Völker for the Basel Theater (which premiered on November 2, 1976), not paginated. Reprinted and translated in this booklet.

It is surprising that the Farocki/Zischler staging tries to fill the programmatic void that Müller consciously preserved in the scenes' loosely connected fragmentariness, even considering that they approach theater from a cinematic perspective. To be sure, the film sequences—with images of Hitler, SA marches at the Brandenburg Gate, and war footage—inherently supplement Müller's montage-like construct. At the same time, they unambiguously situate the cinematic images within the historical context of German Fascism (and the evolution of socialism) and as a result they squander the opportunity of highlighting the pattern and constellations that Müller's writing targets in the first place—and of making them (for example) more compatible with Swiss contexts. "Images Could Mean Anything" was the title Harun Farocki used for his explanatory notes to the staging in Basel, a reference to Müller's poem.

Müller himself formulated the essence of his literary treatment of fascism in a conversation about the 1975 Berlin staging at the Volksbühne, as the description of "dilemmas in which the subjective factor only seems to occur negatively. And that is now even a question for me: To what extent am I correct, and what kind of overall image does it then yield. Because at one point this moralistic anti-fascism interested me—and this is a polemic against it—although it contributes absolutely nothing. Because innocence was simply a stroke of luck. There were people who never experienced such situations, and they are the innocent ones. On the other hand, you can demand from no one who gets into such situations (or it is a moralistic plea) that they should behave differently than the figures in the scenes."[8]

II. INNOCENCE

During his work on the Basel staging, Farocki noted at some point the following: "In the *Frankfurter Allgemeine Zeitung* I found a strong denial of the claim that Switzerland is in Hegel's sense the embodiment of evil in the imperialist world spirit." That being said—particularly from today's perspective and in view of Switzerland's decades-long, at best halfhearted struggle for self-enlightenment—it is amazing to consider, when looking through the material about the 1976 staging, in particular the consistent lack of any reflection about Switzerland's role as an international business partner of National Socialism. This was a cooperation that helped to make possible the Second World War and Auschwitz and which the almost simultaneous documentary film by

---

8   "Gespräch mit Bernard Umbrecht" (1977), in Hörnigk (ed.), *Heiner Müller, Werke,*
    vol. 10, p. 100.

Richard Dindo and Niklaus Meienberg, *Die Erschiessung des Landesverräters Ernst S.* (The Shooting of the Traitor Ernst S., 1976), explicitly thematized.[9] Even if we assume the general (willful) ignorance about Switzerland's actual political and economic involvement among the Swiss public, the discursive gap is confusing: Neither Heiner Müller nor Harun Farocki considered the political and economic system of "capitalism" to be innocent (and beforehand, the Basel Theater group was pulled through the streets on a tractor while declaiming texts by Müller in a guerilla marketing ploy sanctioned by an official permit).

In contrast, press reports show how self-assuredly some critics leaned back in their theater seats: "The missing contemporary connection and the topicality gnawed away by the ravages of time undermined, however, any impact of the whole thing—at least in a country like ours, which experienced German National Socialism as potential victim of a possible attack and not on the side of the defeated. Heiner Müller's concept of fascism is certainly not ours, [and] remains for us to a certain extent 'exotic,' unempathetic," according to the critic Esther Cornioley. And: "We identify with the victims, not with the executioners" (*Basler Nachrichten*, November 4, 1976). Paul Schorno adds to the conviction of innocence in the Basler Volksblatt: "We Swiss, of course, have impressive judgment and can allow ourselves the abstractions among which we accept these, because they don't count only for us: here is a warning about fascism in any form." Or later in the text formulated even more pointedly and intelligibly: "What does this have to do with us?," followed by "Who doesn't know today what you must know?," or to pose apparently the "final question" of the evening: "For whom, to what end, and why was this work produced as a Swiss premiere?" (*Basler Volksblatt*, November 4, 1976).

The back cover of the playbill pulls (probably unintentionally) the production into the domain of political satire. Apparently the Schweizerische Bankgesellschaft ("International banking—made in Switzerland," today known by the name UBS) cofinanced the printing costs through a full-page ad: "We understand how to deal with the most versatile and valuable of all raw materials—money. We have it at your disposal in every form, tailored to your special needs, so that it can help you to take on new projects, develop new products, open up new markets."

---

9   The theater review "Agitprop als Mysteriendrama" by Esther Cornioley in *Basler Nachrichten* (November 4, 1976) mentions explicitly the documentation by Niklaus Meienberg as well as Edgar Bonjour's nine-volume *Geschichte der schweizerischen Neutralität. Vier Jahrhunderte eidgenössischer Aussenpolitik* (History of Swiss neutrality: Four centuries of Swiss foreign policy), published between 1965 and 1976.

Heiner Müller never tired of explaining that "the West Germans' most annoying quality is their innocence."[10] To stroll through a Western pedestrian mall, the emblem of consumption at the cost of the lives of the weaker, was for Müller "almost associated with disgust. This innocence. They have no sense of guilt, no guilt for the past and no guilt for the present."[11]

"Saving time in the capitalist sense is losing time for the subject," he stated in a conversation with Frank Raddatz in the early 1990s. "From the perspective of the capitalist structure, the ant is the ideal human being. [...] The human being is the machine's enemy, he's the disruptive factor for every system of order. He is disorderly, produces filth, and doesn't function. So he must disappear, and that is the work of capitalism—the structure of the machine. The logic of the machine corresponds to the reduction of the human to its raw material, to the material plus gold-tooth fillings. Auschwitz is the altar of capitalism. Rationality as the single, mandatory criterion reduces the human being to its material value."[12]

Of course, we don't need to share Heiner Müller's concept of fascism. We can also reject his critique of capitalism. Yet his letter to the theater journal editor Martin Linzer on the occasion of the planned premiere in fall 1975 of *The Battle/Tractor* at the Berlin Volksbühne, strikes at the social essence: "You ask about the 'topical relevance' of THE BATTLE/TRACTOR. That you consider the question to be necessary points to the answer: the erosion of history by a banal concept of topicality. The theme of fascism is topical and will remain so, I fear, during our lifetimes."[13]

10 "New York ist die Zukunft von Berlin"" [Heiner Müller im Gespräch mit Constructiv] (1990), in Hörnigk (ed.), *Heiner Müller, Werke, vol. 11*, p. 746.

11 Heiner Müller: "Gespräch und Werkzitate," TV recording by 3sat, YouTube channel "Text und Bühne," https://www.youtube.com/watch?v=AsW0EMatbnU (14:40), accessed January 24, 2022.

12 "Denken ist grundsätzlich schuldhaft" [Heiner Müller im Gespräch mit Frank Raddatz] (1990), in Hörnigk (ed.), *Heiner Müller, Werke, vol. 11*, p. 669.

13 Heiner Müller, "Ein Brief," in Heiner Müller, *Theater-Arbeit*, Berlin, 1975, p. 124. See also "A Letter," trans. Marc Silberman, *Theater*, vol. 17, no. 2 (1986), pp. 29–30, reprinted in this booklet.

Editorial Note

"In Basel our work was clean and indoors. We had time to go to the movies and to linger over the films afterwards. All the movie theaters in the city center could easily be reached on foot; they were spacious and had exceptionally good projection."[1] The clean indoor work that Harun Farocki refers to here was the staging, together with Hanns Zischler, of Heiner Müller's plays *The Battle* and *Tractor* for Theater Basel. Rehearsals took place in the fall of 1976; the premiere was on November the 2nd. In the spring of the same year, Zischler and Farocki had already been commissioned to stage a television version of *The Battle* for the broadcaster Sender Freies Berlin (SFB).

For Farocki, the Basel production remained his only directorial work for theater. With Heiner Müller, however, he remained in intellectual exchange. The two collaborated on the adaptation of Müller's text *The Hamletmachine* for radio in 1978; for the May 1981 issue of the magazine *Filmkritik*, they conducted a conversation, excerpts of which were also used in the WDR television magazine *Kino 81*.

This booklet gathers together material about the Basel performance. Klaus Völker, then dramaturge at Theater Basel, recalls the background of the performance and compiles some of his notes from the time. A letter written by Heiner Müller to Martin Linzer, a theater critic and dramaturge in the GDR, and Farocki's text from the program note of the play, as well as photographs of the production, evoke the political and intellectual climate. In the late 1990s, Hanns Zischler wrote a memoir text about their collaboration, which has been translated into English for this issue. Anja Quickert, a theater scholar, dramaturge, and freelance writer animating the International Heiner Müller Society, contextualizes the documents, reflects on some of the staging ideas of the time, and points out that the Swiss alliances during National Socialism in neighboring Germany went unmentioned in the production.

Little has been written about the aesthetic and political affinities between Heiner Müller and Harun Farocki. The materials printed here may represent a beginning.

Volker Pantenburg
HaFl, Berlin, and Farocki Forum at UZH, Zurich, February 2022

---

1   Both quotes from Harun Farocki, "Ein Zigarettenende...," *Filmkritik*, no. 241 (January 1977), pp. 36–48, here p. 36. English translation in Harun Farocki, *Nachdruck/Imprint*, Berlin, 2001, pp. 42–76, here p. 42.

Imprint

Editor: Volker Pantenburg
Managing Editor: Pascal Maslon
Translation: Ted Fendt, Marc Silberman ("A Letter," "Images Can Mean Anything")
Proofreading: Mandi Gomez
Design: Daniela Burger, buerodb.de; Assistance: Lena Rossbach
Lithography: prints-professional, Berlin

Printing: Druckerei Sportflieger, Berlin
Fonts: Neutral BP, Excelsior
Paper: Munken Lynx, Efalin Feinleinen
Print Run: 1500
ISBN: 978-2-940672-38-7

Thanks to Antje Ehmann, Anna Faroqhi, Lara Faroqhi, the authors, Rolf Aurich,
Eva Behrendt, Ulrich Kriest, Tom Sellar, Klaus Völker and Martin Weiss

www.harun-farocki-institut.org
HaFI 016

**Harun
Farocki
Institut**

This publication was produced with financial support from the Farocki
Forum, Department of Film Studies at the University of Zürich.

Inhalt

Proben in Basel, Herbst 1976. Auf der Bühne: Harun Farocki und Klaus Völker

Rehearsals in Basel, autumn 1976. On stage: Harun Farocki and Klaus Völker

Offensiv mit den Widerständen umgehen
Gespräch mit Klaus Völker

Volker Pantenburg: Die Inszenierung von Heiner Müllers *Die Schlacht/Traktor*
war die einzige Regiearbeit für das Theater, die Harun Farocki – gemeinsam
mit Hanns Zischler – gemacht hat. Sie arbeiteten damals als Dramaturg am
Theater Basel. Wie kam diese Zusammenarbeit zustande?

Klaus Völker: Wir wollten in Basel *Die Schlacht* auf die Bühne bringen, das
war mein Vorschlag. Hans Hollmann, damals Direktor am Theater Basel,
interessierte sich zwar für das Vorhaben, aber er meinte, er selbst werde vor-
läufig nicht dazu kommen. Daraufhin habe ich Karlheinz Braun angerufen,
ob er eine Idee für die Regie hat. Er machte mich auf Farocki/Zischler auf-
merksam, die beim SFB-Fernsehen ein Lehrstück von Müller inszenieren
würden, wohl den *Lohndrücker*.

VP: Nein, das war auch *Die Schlacht*. Diese SFB-Produktion ist, so denke ich,
die Vorlage für die Basler Inszenierung. Die Fernsehfassung ist am 10. Mai
1976 ausgestrahlt worden.

KV: Ich erinnere mich nicht, ob ich die SFB-Fassung gesehen habe. Farocki
kannte ich durch Lissa Bauer. Wir waren aus Berliner Zeiten befreundet,
hatten uns aber ein paar Jahre nicht gesehen. Ich habe mit ihm telefoniert,
und wir haben uns kurz getroffen. Die beiden, Zischler und Farocki, hatten
große Lust, das zusammen am Theater zu machen. Dann ging es um Termine –
es war ja relativ kurzfristig, nicht wie üblich mit ein, zwei Jahren Planung,
sondern eben gleich für den kommenden Herbst. Aus dem Brief an Harun vom
12. August 1976 wird deutlich, wie wir die Besetzung vorgenommen haben.
Zu diesem Zweck gab es noch einmal ein Treffen mit beiden in Berlin. Wegen
der parallelen Disponierung für die Herbstspielzeit musste klar sein: Wer spielt
in welchem Stück? Am Theater Basel wurden mehrere Bühnen parallel bespielt.
Damit Stücke gleichzeitig laufen konnten, schieden bestimmte Personen
aus. Diese Dinge hat man als Dramaturg klären müssen. Jedenfalls haben wir
die Besetzung in Berlin eigentlich schon weitgehend so festgelegt, wie
ich sie im Brief vorgeschlagen habe. Da sind auch bereits Namen genannt.

VP: In seinem Text „Mit Harun arbeiten", in dem er über die gemeinsame
Zeit in Basel schreibt, nennt Hanns Zischler Helmut Berger und eine Schau-
spielerin, die besonders zentral gewesen seien für die Inszenierung.

KV: Das war sicher Rosel Schäfer, sie war sehr gut in der Aufführung. Sie spielt „Die deutsche Frau". Sie hat sich auch politisch ein bisschen damit identifiziert.

VP: War es ein Politikum, Heiner Müller im Westen, zumal in der Schweiz, auf die Bühne zu bringen?

KV: Ja, das ist ein Politikum gewesen in unserem Spielplan. In der konservativen und traditionellen Schweizer Presse wurden wir angegriffen. Das ging hauptsächlich von Ulrich Seelmann-Eggebert aus. Er war auf einem Auge sowieso blind, aber fürs Theater war er es eigentlich auf beiden. Er schrieb für die *Neue Zürcher Zeitung*[1] und später in Deutschland für den *Rheinischen Merkur*. Auch in den westdeutschen reaktionären Zeitungen sind dann ähnliche Angriffe erschienen. Seelmann-Eggebert hatte uns schon seit der Zeit, als ich in Zürich war, auf dem Kieker. Er war auch gegen das Theater von Peter Stein. Avantgardistische Inszenierungen bei den Juni-Festwochen im Schauspielhaus wurden uns angekreidet.

VP: War es nicht ein Wagnis, mit Farocki und Zischler zwei Theater-Unerfahrene als Regisseure für das Heiner-Müller-Stück zu engagieren?

KV: Es gehörte zu meiner Eigenart, solche Wagnisse einzugehen. Ich experimentierte, und die Leute, die mir interessant schienen, sollten etwas ausprobieren. Daher kam auch mein Interesse für das Heiner-Müller-Stück. Heiner gab mir den „Gundling" (*Leben Gundlings Friedrich von Preußen / Lessings Schlaf Traum Schrei / ein Greulmärchen*) mit, das Stück war gerade fertig, als ich vor der Premiere nochmal in Berlin war, um mit ihm zu sprechen. Und er ist dann auch nach Basel gekommen. Er war bei drei, vier Endproben dabei und auch bei der Premiere Anfang November. *Gundling* wollte ich dann mit Luc Bondy umsetzen. Das so schreiend aufzumachen, wie man Heiner Müller inszenierte und wie das manche Regisseure machten – Christof Nel zum Beispiel später mit *Mauser* – das wollte ich nicht. Ich wollte das eher als zartes, sensibles Stück zeigen. Luc Bondy hatte Interesse, so dass wir gleich an die Arbeit gegangen sind und angefangen haben zu planen. Aber dann warfen wir das Handtuch. Bei den Sachen, die wir machten, gab es natürlich Widerstände in der Schweiz – das wurde beim Skandal um eine *Othello*-Inszenierung deutlich. Da war das Theatergebäude beschmiert: „Hollmann raus!" Diese Premiere war kurz vorher, und unter diesen Bedingungen fand auch *Die Schlacht* statt.

---

1   Ulrich Seelmann-Eggebert: „DDR-Festspiele im Basler Theater", *NZZ*, 5.11.1976.

Wir haben das Stück ja mit *Traktor* zusammen inszeniert. Und wir haben eine Einführungsveranstaltung mit Heiner Müller veranstaltet. Ich habe dem Publikum immer gesagt, sie sollen das nicht so sehen, wie es in Westdeutschland üblich ist. Die Schweiz hätte den Vorteil, dass man hier Heiner Müller auch angucken könnte, als ob das in Australien spielte. Man könne die deutschen Probleme mal rauslassen und sich das neutraler ansehen, so als sei es ein Stück aus Australien oder Mexiko.

VP: Sind Sie als Dramaturg bei den Proben dabei gewesen?

KV: Soweit es sich einrichten ließ, aber nicht bei allen Proben. Der Abstand ist ja ebenfalls wichtig: Wenn man jeden Tag drin ist, als Mitarbeiter des Theaters, hat man nicht die nötige Distanz. Es ist hilfreich, immer mal zwei Tage auszulassen und dann zu sehen, was sich ereignet hat. Um die Änderungen beschreiben zu können oder um zu sagen, ob es gut oder schlecht ist, ob es funktioniert in dem Rahmen, den man sich vorgenommen hat. Bei den Produktionen, bei denen ich Dramaturg war, habe ich sehr viele Proben besucht. Aber da ich so was wie der Chefdramaturg des Theaters war, musste ich auch bestimmte Sachen anleiern für die kommende Spielzeit. Außerdem war ich in diesem Herbst bei der Frankfurter Buchmesse, die parallel stattfand; meine Brecht-Biographie ist 1976 erschienen.[2]

VP: Ein ereignisreiches Jahr für Sie…

KV: Ja, das war ein ereignisreiches Jahr. Ich bin oft abends nach der Probe in einen Nachtzug gestiegen, hab den Schlafwagen genommen, und bin morgens in Amsterdam ausgestiegen oder in Berlin. Obwohl, nach Berlin bin ich meist geflogen.

VP: Das Programmheft, das Sie zu *Die Schlacht/Traktor* gemacht haben, ist sehr interessant. Eine sehr sorgfältige Bildredaktion, gute Texte. Das ist sicher auch eine Hauptaufgabe von Ihnen als Dramaturg gewesen.

KV: Da habe ich in einer Bibliothek versucht, die entsprechenden Bildbände zu finden, aus denen die Fotos sind.

VP: Gibt es etwas an dieser Arbeit, was ihrer Meinung nach charakteristisch für Farocki war? Etwas, das sich sich in der Arbeitsweise von anderen Regisseurinnen und Regisseuren unterschied?

---

2 Klaus Völker: *Bertolt Brecht: Eine Biographie*, München/Wien 1976.

KV: Was wir da machten war, offensiv mit den Widerständen umzugehen. Wir versuchten, die Leute fürs Theater zu gewinnen oder für Probleme, die da behandelt wurden – ihre Augen zu öffnen. Zischler und Farocki haben zum Beispiel einen Traktor mit Anhänger gemietet und darauf eine Art Straßentheater gemacht. Sie sind damit einen Nachmittag lang durch die Stadt gefahren, um für die Aufführung zu werben. Ein Puppenspieler fuhr auch mit. Die Leute blieben stehen, und wir verteilten Zettel mit den Daten der Aufführung.

VP: Es gibt schöne Fotos von dieser Aktion. Ich dachte immer, dass sei eine Art Guerilla-Werbekampagne gewesen, wie Farocki das auch später gelegentlich machte. Im Nachlass haben wir dann aber ein offizielles Dokument gefunden, das vom „Polizeikommando des Kantons Basel-Stadt" ausgestellt wurde – eine „Lautsprecher-Bewilligung im Freien", wo en détail drinsteht, wann zu welcher Uhrzeit an welchem Ort durchs Megafon geredet werden durfte. Das kommt mir sehr schweizerisch vor.

KV: Ja, es war vieles möglich, aber man musste die gesetzlichen Vorgaben einhalten.

VP Wir haben kurz über den Verriss von Seelmann-Eggebert gesprochen, aber wie war die Reaktion beim Premierenpublikum? Kam das Stück gut an?

KV: Es gingen Leute raus während der Vorstellung, aber das Publikum hat sich insgesamt doch hineingefunden. Die Vorstellung war ziemlich lang, nicht zuletzt dadurch, dass nach der Pause noch *Traktor* kam. Hollmann hatte sich für Kürzungen ausgesprochen, aber ich habe mich dagegengestemmt und versucht klarzumachen, dass diese Dauer wichtig ist. Es kamen auch genug Leute, die sich für das Thema interessierten und sich nicht von der Presse irre machen ließen.

Es war wichtig, dass wir so was machten. In Basel gab es, wie in anderen Städten auch, ein Gratisblatt, das jeden Morgen im Briefkasten der Leute lag und sich durch Werbung finanzierte. Diese Gratiszeitung hatte auch einen Nachrichtenteil und Theaterkritiken. Und die Frau, die diesen Teil verantwortete, war total verfeindet mit uns.

Dabei spielte auch eine Rolle, dass die die früheren Anhänger der „Komödie", die nun zum Theater Basel gehörte, enttäuscht waren, dass in der „Komödie" nicht mehr der Boulevard, wie er vorher meistens zu sehen war, und französische Gastspiele stattfanden. Das war nun nicht mehr das Privattheater von Egon Karter, dem das Haus gehört hatte, sondern integraler

Bestandteil unseres Hauses. Deswegen gab es immer große Streitigkeiten um die „Komödie". Und als das neue Haus eingeweiht war, ist die „Komödie" als Spielort zunächst etwas ins Hintertreffen geraten. Wir versuchten gerade dadurch, dass wir ungewöhnliche Stücke da inszenierten, ein anderes Publikum zu gewinnen. Da kam auch ein Publikum hin, das bisher nicht ins Theater ging, während die alten „Komödie"-Abonnentinnen und Abonnenten ihre Abos kündigten. Wie das immer so ist, wenn eine neue Direktion kommt und anderes macht als die Leute vorher.

VP: Farocki hat 1978 mit Heiner Müller zusammen *Die Hamletmaschine* für den Hörfunk eingerichtet, noch bevor der Text als Theaterstück inszeniert wurde. Das ist eine weitere interessante Verbindung zwischen Müller und Farocki. Hatten Sie mit Farocki nach der gemeinsamen Arbeit an der Basler Inszenierung noch zu tun?

KV: Bis 1980 war ich nicht in Berlin. Dann bin ich zurückgekommen und war am Schillertheater. Farocki hat sich für Peter Lorre interessiert und ich hatte einen alten Film mit ihm, schätzte ihn auch und hatte ein bisschen über ihn gearbeitet und mich darüber mit Farocki ausgetauscht. In Amerika schrieb dann jemand (Stephen D. Youngkin) ein Lorre-Buch und hatte Fragen zu ihm – und das hat immer Harun vermittelt. Youngkin war ab und zu in Berlin, und wir haben uns auch mal bei Harun in der Wohnung getroffen. Aber inszeniert am Schillertheater hat nur Zischler dann zweimal. Er hat einmal, 1983, ein Majakowski-Stück inszeniert – *Die Majakowski-Tragödie*, das Heiner Müller bzw. Ginka Tscholakowa übersetzt hatten – ein frühes, etwas futuristisches Stück.

VP: Sie haben damals Notizbücher geführt.

KV: Ja, da stehen ganz interessante Sachen drin. Zum Beispiel habe ich gesehen, dass Heiner Müller bei der Generalprobe oder der zweiten Probe dabei war. Er kam gemeinsam mit Stefan Schütz, mit dem ich auch etwas inszenieren wollte, und mit Uta Birnbaum. Sie waren auch in der Spielzeit vorher mal in Basel, um das Theater zu sehen. Zur Generalprobe von *Die Schlacht*, wo die beiden dabei waren, habe ich ein paar Sachen notiert. Bei *Traktor* haben sie darauf hingewiesen, dass die Traktoristen in der DDR als „Prolos" galten. Die „Proleten" der frühen Nachkriegszeit, die u. a. bei der Minensuche eingesetzt wurden, hatten in der jungen DDR großes Prestige. Den Traktoristen, die zum Aufbau und für die Kollektivwirtschaft von der Partei und vom Staat gebraucht wurden, wurden Sonderrechte zugestanden,

sie traten nach Feierabend angeberisch auf, benahmen sich im negativen Sinn wie Proleten, trugen Jeans, hörten westliche Musik und traten wie Rocker auf. Von den einfachen Leuten, den Landarbeitern, wurden sie „Rocker", bzw. „Rockers" genannt. Die Traktoristen waren „Privilegierte", sie durften sich was herausnehmen. Das haben sie mir erklärt, und uns auch ermuntert, das Stück ein bisschen von der DDR wegzuführen. Es war interessant für Zischler/Farocki, mit den dreien zu reden – einen Eindruck zu bekommen von Leuten, die die Verhältnisse aus der Nähe kennen oder wie Uta Birnbaum schon mal mit Müller gearbeitet und sich ausprobiert hatten.

Heiner Müller hätte den Text für Basel eher gekürzt. Er fand es ohnehin einen Wahnsinn, dass wir *Traktor* noch hinzufügten. Er stellte sich nicht dagegen, aber eigentlich hätte er keine Einwände gehabt, wenn wir *Traktor* aus Zeitgründen weggelassen hätten.

Die Vorstellung war lang. Es gab also kaum begeisterte Kritiken, aber einige haben das gesehen und sehr gut gefunden. Peter Rüedi, den ich kannte, der in Basel wohnte, Jazz-Spezialist war, später dann zu Dürrenmatt gearbeitet hat, es gibt es eine Dürrenmatt-Biografie von ihm, der fand das gut. Es waren einige Leute drin, die die Aufführung dann doch sehr gut fanden und auch wichtig fanden, dass wir das gemacht haben.

VP: Fällt Ihnen sonst noch etwas zu der Produktion von *Die Schlacht/Traktor* ein?

KV: Die anekdotischen Sachen sind sicher nicht so wichtig, aber mir fällt noch eine Sache ein: Wir fuhren gerne ins Elsass, in eine Kneipe in Folgensbourg, wo wir nach der Vorstellung unsere Kritik machten und dann gut bedient wurden mit gutem Essen. Heiner Müller wollte natürlich mit, aber das war Frankreich, und man musste eine Grenze passieren. Im Prinzip ging das problemlos, aber die französischen Zollbeamten guckten doch manchmal die Pässe etwas genauer an. Und Heiner Müller hatte Angst: Weil er das nicht beantragt hatte, durfte in seinen Pass kein französischer Stempel kommen. Ich sagte zu ihm: „Gib mir mal deinen Ausweis – du hast einfach keinen dabei, du hast ihn vergessen." Wir machten also die Tour mit fünf Leuten im Auto. An der Grenze kurbelte ich das Fenster runter und hielt unsere vier Ausweise raus, während wir langsam weiterfuhren. Meine Rechnung ging auf: Der Zollbeamte winkte uns durch, weil ich die Pässe so offensiv hingehalten hatte. Und so waren wir in Frankreich, und bei der Ausreise müssen wir es ähnlich gemacht haben, damit Heiner Müller nicht kontrolliert wurde.

Nach einem Telefongespräch am 17. September 2021.

8

Heiner Müller
Ein Brief

Lieber Herr Linzer, beim Lesen Ihrer Nachschrift unseres Versuchs, über
SCHLACHT/TRAKTOR zu reden, merke ich, daß man das nicht drucken
kann, weil es, was meinen Part angeht, nicht stimmt. Die Antworten sind
ungenau, mehr Entschuldigung dafür, daß man Kunst nicht essen kann,
als Auskunft über Arbeit. Schuld ist meine Unlust, über den Pudding zu
reden, bevor er gegessen wird (und meine Höflichkeit, die mich dazu
verleitet hat, es trotzdem zu tun). Kunst legitimiert sich durch Neuheit = ist
parasitär, wenn mit Kategorien gegebener Ästhetik beschreibbar.

Sie fragen nach der „aktuellen Relevanz" von SCHLACHT/TRAKTOR.
Daß Sie die Frage für notwendig halten, verweist auf die Antwort: die Aus-
höhlung von Geschichtsbewußtsein durch einen platten Begriff von Aktualität.
Das Thema Faschismus ist aktuell und wird es, fürchte ich, in unserer
Lebenszeit bleiben. Genauso das Problem der arbeitenden Mehrheit, die mehr
einzahlt als sie herausbekommt, besonders im Bereich der materiellen
Produktion, solange für eine nicht schnell genug verschwindende Minder-
heit das Gegenteil gilt. Was die Relation zu FURCHT UND ELEND angeht:
Brecht war auf Dokumente und Berichte angewiesen, sozusagen auf Sekundär-
material. Das ergab ein Faschismusbild nach der Schnur der (damals
notwendig unkompletten) marxistischen Analyse, eine Art Idealkonstruktion.
Erst das ANTIGONE-VORSPIEL, später in einer andern Stücktechnik
geschrieben, faßt die konkrete deutsche Erscheinungsform. Heute ist der
gewöhnliche Faschismus interessant: wir leben auch mit Leuten, für die
er das Normale war, wenn nicht die Norm, Unschuld ein Glücksfall.

Formal ist SCHLACHT/TRAKTOR eine Bearbeitung von eigenen 20 und
mehr Jahre alten Texten bzw. der Versuch, ein Fragment synthetisch
herzustellen. Keine dramatische Literatur ist an Fragmenten so reich wie
die deutsche. Das hat mit dem Fragmentcharakter unserer (Theater-)
Geschichte zu tun, mit der immer wieder abgerissenen Verbindung Literatur–
Theater–Publikum (Gesellschaft), die daraus resultiert. Die gewöhnliche
Verkehrsform zwischen den drei Partnern war, bis zu dem historischen Glücksfall Brecht, der Interruptus, der auf die Dauer bekanntlich das Kreuz
schwächt. Die Not von gestern ist die Tugend von heute: die Fragmentari-
sierung eines Vorgangs betont seinen Prozeßcharakter, hindert das Ver-
schwinden der Produktion im Produkt, die Vermarktung, macht das Abbild
zum Versuchsfeld, auf dem Publikum koproduzieren kann. Ich glaube nicht,
daß eine Geschichte, die „Hand und Fuß hat" (die Fabel im klassischen Sinn),

9

der Wirklichkeit noch beikommt. Übrigens handelt der Text von Situationen, in denen Individuelles nur partikulär zur Wirkung kommt, zersprengt von Zwangslagen (die natürlich, unter bestimmten Bedingungen, von Individuen herbeigeführt worden sind).

Zu Ihrem, wie ich meine, Kurzschluß von Verknappung auf Brutalität (zweite Lieblingsvokabel verhinderter Zensoren, aus denen sich die akademische Journaille, der Sie nicht angehören und mit der zu polemisieren mich langweilt, heute wie gestern rekrutiert): ich habe nicht das weit genug verbreitete Talent, ein abgearbeitetes Publikum mit Harmonien aufzumöbeln, von denen es nur träumen kann.

Wenn ich auf Ihre Frage, warum unsre Theater sich mit meinen Stücken „schwertun" (ein Euphemismus: im allgemeinen tun sie mit meinen Stücken gar nichts), den Naturalismus zitiere, indem die Theater bis zum Hals stecken, ist das nicht falsch, aber eine halbe Antwort. Naturalismus ist Austreibung des Autors aus dem Text, der Wirklichkeit des Autors (Regisseurs Schauspielers Zuschauers) aus dem Theater.

Wenn zum Beispiel BAU als Abbildung eines „Baugeschehens" aufgefaßt wird, ist er nicht aufführbar. Der Abstand (die Haltung) zum Material (ich bin kein Bauarbeiter Ingenieur Parteifunktionär) ist mitgeschrieben, gehört zur Wirklichkeit des Stücks und muß mit dargestellt werden. Oder der alberne Streit um MACBETH. Die Dummheit, eine Kette von Situationen als Wunschzettel des Autors zu lesen. Ein Text lebt aus dem Widerspruch von Intention und Material, Autor und Wirklichkeit; jedem Autor passieren Texte, gegen die sich „die Feder sträubt"; wer ihr nachgibt, um der Kollision mit dem Publikum auszuweichen, ist, wie schon Friedrich Schlegel bemerkt hat, ein „Hundsfott", opfert dem Erfolg die Wirkung, verurteilt seinen Text zum Tod durch Beifall.

Theater, so betrieben, wird Mausoleum für Literatur statt Laboratorium sozialer Fantasie. Konservierungsmittel für abgelebte Zustände statt Instrument von Fortschritt. Talent ist ein Privileg, Privilegien müssen bezahlt werden. Mit der Enteignung im Sozialismus wird Weisheit borniert, der Aphorismus reaktionär; die Pose des Klassikers erfordert homerische Blindheit.

Daß wir, nach Brecht, noch/wieder am Naturalismus würgen, hat mit der (unbewältigten) Dialektik von objektiver Enteignung und subjektiver Befreiung zu tun. Wir können uns aus unserer Arbeit nicht mehr heraushalten, was für Brecht, in der Spätzeit seiner Emigration, isoliert von den wirklichen Klassenkämpfen, eine Arbeitshaltung sein mochte. Der KREIDEKREIS steht (das macht ihn zum Repertoirestück) dem Naturalismus näher als das FATZER-Fragment oder WOYZECK, den es tradiert.

Ich glaube nicht an Theater als Zweck. Die Epochenkollision greift tief, auch schmerzhaft, in den einzelnen, der ein Autor noch ist und nicht mehr sein kann. Der Riß zwischen Text und Autor, Situation und Figur, provoziert/zeigt an die Sprengung der Kontinuität. Wenn das Kino dem Tod bei der Arbeit zusieht (Godard), handelt Theater von den Schrecken/Freuden der Verwandlung in der Einheit von Geburt und Tod. Das macht seine Notwendigkeit aus. Die Toten spielen keine Rolle mehr, außer für die Stadtplanung.

Vielen Dank für das Gespräch, mit dem Sie mir diesen Monolog abgenötigt haben.

Zuerst veröffentlicht in *Theater der Zeit*, Heft 8 (1975). Hier nach der Werkausgabe: Heiner Müller: *Werke Bd. 8. Schriften*, hg. v. Frank Hörnigk. Frankfurt am Main: Suhrkamp 2005, S. 174–177.

Klaus Völker
Brief an Harun Farocki

Basler Theater
Stadttheater/Komödie
Dramaturgie
Theaterstrasse 1

Herrn
Harun Farocki
Grunewaldstr. 88 / 2. Hof III
D 1 Berlin 62

Referenzen: kv/pk
4051 Basel, den 12. August 1976

Lieber Harun,

nun rückt sehr schnell der Probenbeginn für DIE SCHLACHT heran, und
es wäre gut, schon jetzt den endgültigen Szenenablauf und die jeweilige
Besetzung der Szenen festzulegen.

Wieviel Schauspieler genau braucht Ihr überhaupt für die Produktion?
Du weisst, es ist sehr kompliziert, bei der grossen Zahl unserer Inszenierungen, bei denen sich Besetzungen kreuzen, einen optimalen Probenplan
zu disponieren.

Die SCHLACHT liegt parallel zu der letzten Probenphase der Stücke MUSIK,
SCHWEINEPRIESTER und OTHELLO. An OTHELLO schliesst dann
BUDDENBROOKS an, und in der Endphase der SCHLACHT beginnt schon
Strindbergs MIT DEM FEUER SPIELEN. Da DIE SCHLACHT ein Parallel-
stück haben muss, das am gleichen Abend gespielt werden kann, kommt
die Besetzung MUSIK für DIE SCHLACHT nicht infrage. Das betrifft nur
Adolph Spalinger und Rosel Schäfer, die mit auf der Liste stehen, die Ihr
mir mal im Frühjahr dagelassen habt. Da Rosel Schäfer aber wichtig für
die Produktion wäre, streben wir hier eine Zweitbesetzung für MUSIK an.
Verena Buss spielt, wie Ihr wisst, die Tony Buddenbrook; das ist, vom Text
her gesehen, die Hauptrolle, so dass Ihr mit Verena (die damals Interesse

zeigte, auch noch bei der SCHLACHT dabeizusein) kaum für Proben rechnen könnt, ausgenommen im September, wenn sie von ihrem Film aus Südamerika zurück ist und noch OTHELLO geprobt wird.

Hier mal eine Liste der Darsteller, die für die SCHLACHT besetzbar und nicht in den BUDDENBROOKS beschäftigt sind:

Judith Melles
Rosel Schäfer
Hertha Schell
Susanne Thommen

Werner Am Rhein
Helmut Berger
Georg Martin Bode
Victor Curland
Kurt Fischer-Fehling
Georg Holzner
Michael Hornig
Jochen Porger
Peter Siegenthaler
Volker Spahr

Was nun über diese Liste hinaus an Darstellern für die Produktion notwendig ist, muss aus der BUDDENBROOKS-Mannschaft ergänzt werden (d. h. mit Darstellern, die dort weniger beansprucht sind).

Bitte, schickt mir doch möglichst sofort ein Personenverzeichnis für die einzelnen Szenen mit möglichst genauen Angaben zur Rolle (vielleicht auch eine Besetzung nach Eurer früheren Wunschliste), damit ich eine vorläufige Besetzung einplanen kann.

Wo bist Du telefonisch erreichbar, und ab wann seid Ihr in Basel?

Herzliche Grüsse,
Dein

Klaus Völker

Harun Farocki
Bilder könnten alles bedeuten

Zu Heiner Müllers Szenen *Die Schlacht/Traktor* wollten wir Filmaus-
schnitte besorgen. Die meisten dokumentarischen Bilder, die es gibt, haben
kaum einen Dokumentenwert. Man muss sich Bilder wünschen, die kleine
Einzelheiten einer bestimmten Zeit genau wiedergeben. Man findet Bilder,
die Leute aufgenommen haben, um eine kleine dumme Sprachfigur zu
realisieren. Sie können nicht einfach eine Kamera hinstellen und filmen, wie
eine Kolonne in eine Stadt marschiert oder ein Tank über ein Feld rollt.
Sie müssen diese nichtssagenden Effekte erzeugen: die Stiefel der Soldaten
knallen; aus den Fenstern schauen würdige Frauen und schüchterne
Mädchen; die Tanks wühlen die Erde auf, und immer kommt Rauch von den
Geschützen, und die Erde spritzt auf. Es werden kaum Vorgänge aufgenommen, fast nur Bildmetaphern. Schlagbilder wie Schlagworte. Diese
ganze Phraseologie: die Bilder dokumentieren nur die Sprechweise der
Filmpublizistik zu einer bestimmten Zeit, vielleicht haben sie nie mehr getan.
Wir zeigen zu der Szene „SA marschiert" einen Filmausschnitt, der 1934
im Konzentrationslager Oranienburg aufgenommen wurde, das damals noch
der SA unterstand. Da sieht man Männer in Zivil, die Angst haben und
ihre Angst etwas zu verbergen suchen, auf einem Platz angetreten, die Mütze
haben sie vor sich auf den Boden gelegt. SA-Männer machen ihnen vor,
welche Turn- und Exerzierübungen sie auszuführen haben, und sie machen
sie dann nach, während die SA, das Gewehr auf der Schulter, mit einem
ekelhaften Bewachergang vorbeistolziert. Mit einem Wir-haben-alles-unter-
Kontrolle-Schritt. Diese Aufnahmen sind gedreht, um die Konzentrationslager als einen Ort zu zeigen, an dem „Elemente" einer Art turnerischen Bes-
serung zugeführt werden. Um darzustellen, dass es dort sanft zugeht, wird
ausdrücklich vorgeführt, dass die SA die Übungen vormacht wie ein Lehrer
und nicht befiehlt oder erzwingt. Aber zu sehen ist etwas anderes: die SA
turnt sich selbst das eigene Bewusstsein vor, das andere nachmachen müssen,
und bewacht dann in den nachturnenden Häftlingen die eigene Erniedri-
gung. Zu sehen ist auch, dass hinten im Bild Wohnhäuser stehen. Die Leute,
die dort wohnen, werden später sagen, sie hätten nie ein KZ gesehen. Für
die Szene „Kleinbürgerhochzeit" ist es uns darum gegangen, eine Chronik
des in Bildern veröffentlichten Hitler zusammenzustellen. In jener Szene
hängt an der Wand des Zimmers ein Hitlerbild, und wir haben nun Hitlers
Bildlichkeit auf eine Siebenminutenfolge ausgedehnt, beginnend 1928 mit
einem Auftritt bei der SA und endend im April 1945, als er das letzte Mal

gefilmt wurde. Jeder Tag ein Fest, das Nazitum hatte alle Tage Umzug, und für den Hitler wurden fortwährend Gelegenheiten zum Auftritt arrangiert, die sich filmen lassen. Dabei sind Fotogramme herausgekommen: Hitler, der kundige Feldherr, im Kreise seiner fröhlichen Offiziere; Hitler bekommt einen Soldaten vorgeführt, der den Rücken beugen muss; Hitler wird (der Film ist stumm) aufgefordert, den Rücken des Soldaten zu berühren, und er tut es zögernd. Dem Kameramann war es eingegangen, dass die blosse Hitlerexistenz ein Grund zum Laufenlassen der Kamera war, und so liess er nicht einmal eine unverständliche Trivialität aus, wurde, ohne es zu wissen, für einen Augenblick dokumentarisch. Aus der Ausdrucksweise des übrigen fällt noch das Material heraus, das Hitler und Begleitung in Paris zeigt. Das wurde von einem Amateur aufgenommen zum Privatgebrauch von Speer. Ein morgendlich leeres Paris, das aus Sicherheitsgründen leergefegt wurde, jetzt sieht es so aus, als würden ein paar Uniformierte einen Staatsbesuch üben, und so würde auch Jerry Lewis das Erscheinen des grossen Diktators vor dem Eiffelturm darstellen. Wir haben die ganzen Hitlerbilder so montiert, wie Leni Riefenstahl ihre Aufmarschfilme gestaltet hat: nach der Ordnung der additiven Steigerung, was es logisch nicht geben kann, was nur der Versuch ist, einen leeren Höhepunkt mit dem nächsten zu überbieten. Wir fanden 45 Sekunden Film, in Farbe, zeigend, wie die SA 1933 durch das Brandenburger Tor marschiert. Es sind aus technischer Unzulänglichkeit ein paar Sprünge zwischen den Einstellungen, dennoch kann man glauben, es sei alles nachgestellt. Nicht weil das Agfa-Material 1933 nicht solche Aufnahmen erlaubt hätte; es ist mir unbegreiflich, dass es für eine historische Stunde, die man so bildlich imaginieren kann, ein Bild gibt. Zwölf Jahre später befestigten amerikanische Flieger Amateurkameras an ihren Flugzeugen, stiegen auf und filmten ein Berlin, in dem ausser dem Brandenburger Tor kaum noch ein Gebäude wiederzuerkennen ist. Sie filmten das zerstörte Berlin aus der Perspektive des Zerstörers. Wir konnten uns nicht vorstellen, aus der sowjetisch besetzten Zone, später DDR, Bilder zu finden, die die Landneuverteilung zeigten. Was könnte man da zeigen ausser etwas Erde? Aber es gab Bilder genug von Grundsteinen, Landvermessern, Traktoren, die auf Güterzügen mit einem Spruchband ankommen. Wir haben Filmbilder in die Aufführung der Szenen von Heiner Müller hineingenommen: Wie er die Worte, wendeten wir die Bilder hin und her, um einen Funken Gebrauchswert aus diesem täglichen Bildschutt zu schlagen.

Die Schlacht. Szenen aus Deutschland, hg. v. Basler Theater Direktion, Redaktion: Dramaturgie. Zusammengestellt von Klaus Völker, Premiere 2. November 1976, nicht paginiert. Die in der Schweiz übliche Verwendung von „ss" statt „ß" wurde beibehalten.

Klaus Völker
Notate/Aufzeichnungen (1976)

6. April: Inszenierung *Schlacht* mit Harun Farocki verabredet, der zusammen mit Hanns Zischler arbeiten will. Farocki macht gerade eine Fernsehfassung des Stücks beim SFB. Ich kenne ihn aus der Berliner Zeit. Er war auch immer im Schlepptau von Lissa Bauer anzutreffen.

Am 7. und 8. Mai sind Farocki und Zischler zu Vorbesprechungen in Basel. Besetzungsfragen. Vom Frauenensemble stehen zur Debatte: Rosel Schäfer, Verena Buss, Hertha Schell und eine junge Darstellerin, bei den Herren: Siegenthaler, Helmut Berger, Spalinger, Jendreyko.

Über Pfingsten in Berlin und mit Adolf Dresen in Güstrow (unsre Basler Barlach-Inszenierung vorbereiten). Roger Melis macht die Fotos. Mit ihm am 9. Juni zurück nach Berlin.

10. Juni: bei Heiner Müller und Ginka, die 7 Monate in den USA waren. H. M.: „Dort gibt es nur Fakten, keine Ideen." Abends in Schaubühne: Bondy-Inszenierung *Die Wupper* (Lasker-Schüler). Am 11. Juni Rückflug nach Basel. Am 13. und 14. Juni in München. Buchpremiere meiner Brecht-Biographie. Am 15. Juni zurück nach Basel.

2. September: Farocki und Zischler treffen ein, können aber noch nicht mit Proben beginnen, die Schauspieler sind noch in anderen Stücken beschäftigt.

5. September: Auch Felix Prader da, mit Bühnenbildner Christian Göbl. Bauprobe *Mit dem Feuer spielen* (Strindberg). Danach Treffen mit Farocki/ Zischler. Verena Buss. Wir alle ins Restaurant „Charon". Am folgenden Tag Dispositionsgespräche für die Proben *Schlacht*. Der Premierentermin 2.11. soll unbedingt gehalten werden. Besetzung *Buddenbrooks* darf sich nicht überschneiden. Überschneiden der Besetzungen *Schlacht* und *Mit dem Feuer spielen*.

Mitte September: Buchmesse in Frankfurt. Mao gestorben. Diskussion über Brecht und mein Buch Funk/Fernsehen. Mit Kroetz, dann mit den Mao-Kommunisten, die mit Trauerschleifen herumlaufen. – Zurück in Basel. Die *Othello*-Aufführung Hollmanns wird zum Skandal für die rechte Presse. „Othello pfui", „Hollmann raus". Weitere Premieren: Essigs *Schweinepriester*

und dann *Musik* von Wedekind. Viel Pressewirbel, Diskussionen. Immerhin ist „Theater" Stadtgespräch. Hollmann beginnt mit Proben zu *Buddenbrooks*. Auch Farocki und Zischler probieren. Birnbaum und Schütz sitzen in Proben.

11. Oktober: Bei einer Szene aus *Traktor* ergeben sich große Schwierigkeiten aus der Unkenntnis von Haltungen. Traktoristen, meint Uta B., waren die „Rockers", absolute Spitzenverdiener. Schütz möchte am liebsten auf die Bühne gehen und vormachen. Rosel Schäfer ist sehr gut als Frau in der Szene „Kleinbürgerhochzeit". Die ganze Szene soll wie Puppen an Drähten gespielt werden.

28. Oktober: Hole abends Heiner Müller vom Flughafen ab, der aus Anlass der *Schlacht*-Premiere für circa 10 Tage in Basel sein wird. Er hat ein neues Stück über Friedrich Wilhelm von Preußen, Friedrich den Großen und Lessing fertig und gibt es mir zum Lesen. Luc Bondy sollte es vielleicht inszenieren.

29. Oktober: Hauptprobe *Schlacht*. Heiner Müller ist, wie ich es schon öfter erlebt habe, eher entsetzt über die Aufführung, die einzelnen Szenen gefallen ihm unterschiedlich, am wenigsten „Das Laken", das er weghaben möchte. *Traktor* in Basel aufzuführen sei im Grunde schrecklich verrückt. Das Weihespielhafte stört ihn. Später billigt er der Aufführung einen bestimmten „Wahnsinn" zu, der ihn an die Methode von Straub erinnere. Nachmittags Volkshochschule mit gut 100 Teilnehmern. Dr. Kachler, der Leiter, stellt – wie gewohnt – ziemlich törichte Fragen. Die Antworten sind leicht zu geben, und wir können das Publikum für Heiner Müller einnehmen.

30. Oktober: Nach der 2. Hauptprobe nochmals eingehende Kritik, der der „Bericht vom Anfang" zum Opfer fällt, auch sonst ganz entscheidende Verbesserungen. Rosel Schäfer außerordentlich gut in dieser Inszenierung. – Abends Lesung Heiner Müller, ich führe ihn ein. Anschließend Publikumsgespräch mit Harun, Zischler, Rosel Schäfer, Susanne Granzer.

31. Oktober: Mittags mit Hans Hollmann, Reinhild Solf, Heiner Müller, Wolfgang Mai/Franziska Loring nach Folgensbourg im Elsaß zu „Madame Yvonne" Essen, anschließend Spaziergang. Abends eine Shanghai-Künstlergruppe mit Ballett. Großer Kitsch, wenig gute Artistik. Ein mittelmäßiges Estradenprogramm nach sowjetischem Vorbild. Wir gehen in der Pause. – Ganz spät noch zu Gast bei Brigitte Karner/Siegenthaler. Auch Farocki/Zischler dort.

1. November: Generalprobe *Schlacht*. Läuft ausgezeichnet. Trotz langer Spieldauer eine intensive, konzentrierte, die Fantasieapparate sehr anregende Arbeit, sicher manche Anklänge an Inszenierungen Grübers oder an Straub, aber nicht epigonal.

2. November: Premiere kommt gut an. Nach der Pause bleiben einige Abonnentenplätze leer. Hollmann hält die Aufführung für zu lang und rät zu Kürzungen. Ich bin dagegen. Die Sache muss durchgesetzt werden. Erklärte Gegner gewinnen wir nicht durch falsche Zugeständnisse. Die Basler Nachrichten drucken Verriss, sehen den Ruf des Theaters in Gefahr, fordern „Hochhuth spielen!"

Am 8. November fliegt Heiner Müller zurück nach Berlin.

Ausgewählt und zusammengestellt von Klaus Völker nach seinen Notizbüchern, November 2021.

Hanns Zischler
Mit Harun arbeiten

„Mir sin kaini Schwobe, das goht uns nüt a!" soll eine „wackere" Baslerin
ausgerufen haben, als wir mit großen, säuberlich beschrifteten Trans-
parenten „STALIN: DIE HITLER KOMMEN UND GEHEN DAS DEUTSCHE
VOLK BLEIBT / AB 2TEN NOVEMBER IM BASLER THEATER" und teilweise
kostümiert am 30. Oktober 1976 durch die Freie Strasse der Basler Innen-
stadt zogen. „Wir" – das waren die an der Inszenierung von Heiner Müllers
Schlacht und *Traktor* Beteiligten; für die Regie verantwortlich waren Harun
und ich. Was wir in die gotisch-teigige Basler Altstadt trugen und mega-
phonisch skandierten, war primär keine politische Botschaft, sondern eine
kleine Vorfasenacht-Musik, ein drastischer Werbegag, wie er vielleicht
auch der renommierten Agentur GGK eingefallen wäre, hätte sie sich je mit
solchen Kinkerlitzchen befasst. Und es war ein bizarres Echo aus jenen
„politischen Jahren", in denen Manifestationen und Monstranzen auf der
Tagesordnung standen; ein *remake*, jedoch an einem seltsamen, von
Müllers Stoff scheinbar weit entrückten Ort und schon dadurch sehr unwirklich, theaterhaft unwirklich – und so gesehen unserer Arbeit auf
vertrackte Weise (un)angemessen.

Die Arbeit am Theater war für uns beide mehr als ein kleines Wagnis,
schließlich mussten wir Tag für Tag, Wort für Wort, Bild für Bild unter
Beweis stellen, dass unsere Vorstellungen, wie Müller zu sprechen und
zu spielen sei, für die Schauspieler plausibel und nachvollziehbar waren.
Die Voraussetzungen für ein Gelingen waren eher vage: Weder Harun
noch ich hatten bis dahin Theaterregie geführt, doch hatten wir bereits im
Sommer desselben Jahres, gewissermaßen als Training, die *Schlacht* für
den SFB eingerichtet (und uns mit einer kritischen Glosse – „Erneut Bedenk-
liches" – in der von den SFB-Mitarbeitern in der Regel wenig gelesenen
Filmkritik beim Sender eine rote Karte eingehandelt).

Vielleicht sollte ich an dieser Stelle kurz erwähnen, dass Heiner Müller
1976 im Westen noch kein vielgespielter Autor war. Er war wohl ein
„Geheimtipp", allerdings ein sehr komplizierter. Trotz oder gerade wegen
Hans Lietzaus großer *Philoktet*-Inszenierung in München und Frank-
Patrick Steckels *Lohndrücker* an der Schaubühne schienen Müllers Stücke
für den Interzonenhandel ungeeignet, zu sehr war diese im Osten verpönte
DDR-Ware von einem Geschichts-„Material" durchsetzt und in eine Sprache
gefasst, die in den von ihrer eigenen Gegenwart paralysierten Siebziger-
jahren verworfen wurden. Müller roch nach Brecht. Das wollte man nicht.

Als Klaus Völker, damals Dramaturg am Basler Theater, uns für diese Inszenierung einlud, wussten wir, dass wir uns in eine Exklave begeben würden.

Meine eigenen Erfahrungen am Theater waren auf eine zweijährige dramaturgische Mitarbeit an der Schaubühne am *Halleyschen Ufer* fixiert (im mehrfachen Wortsinn), Harun hingegen hatte aus seiner Ablehnung der traditionellen, effektverseuchten Sprechbühnenrhetorik (und insbesondere deren Versagen vor der Müllerschen poetisch-dramatischen Sprache) eine ganz eigentümliche Methode des *unrhetorischen*, rigorosen Sprechens entwickelt. Der Schauspieler sollte unter allen Umständen vermeiden, den Sinn seiner Worte im schönen Sprachfluss zu ersäufen oder durch gestische Überfrachtung zur naturalistischen Begleitmusik eines *Auftritts* verkommen zu lassen. Die „Anstrengung des Begriffs", die immer mitschwingende kritische Distanz – ohne die der Zuschauer, vorschnell, nur eingenommen, nicht aber zum Mitdenken herausgefordert wird – bildeten die ungeschriebene Grammatik der Probenarbeit. (Ich darf gestehen, dass dieses harte, an der *arte povera* orientierte Konzept in seiner Rigorosität gelegentlich auch mich überfordert und zweifeln gemacht hat, doch waren die fast euphorische Neugierde auf den Probenprozess und die Freude am gemeinsamen Abenteuer und am Kampf gegen den alten Bühnenzopf allemal größer als ein fast schon theaterüblicher narzisstischer Dissens vor dem Ensemble, der überdies unsere gemeinsame Anstrengung unweigerlich hätte scheitern lassen.) Die Schauspieler davon zu überzeugen und sie nicht nur für Müller, sondern auch für eine andere, „uneigentliche" Art des Spiels zu gewinnen, war der schwierigste und aufregendste Part.

Auf den Proben agierten wir wie die Simultandolmetscher. Während mir die mitunter sehr spezielle theaterinterne Rhetorik, die „Spilastik", mehr vertraut war, konnte Harun ganz unbedingt seine „Fremdheit" und sein am Kino orientiertes Denken, Sehen und Sprechen ins Spiel bringen. Gewiss kam es dabei gelegentlich zu nicht immer kalkulierbaren Überanstrengungen der Schauspieler, so zum Beispiel, wenn er einmal zur Veranschaulichung dessen, wie Müller zu „brechen" sei, aus Godards *Le petit soldat* (1960) den großen Augenblick vor der Hinrichtung in Erinnerung rief: *Avant de mourir, je veux citer un poème de Maiakovski!* – kaum einer aus dem Ensemble wusste mit diesem Film (und dieser Epiphanie) etwas anzufangen. Doch sind es paradoxerweise genau diese Überanstrengungen und unokönomischen Ausgriffe, die – mit der entsprechenden Euphorie vorgetragen und nicht zu sehr strapaziert – jenes Klima und jene Weite erzeugen, in denen ein neuer Blick, ein größerer Horizont erst möglich werden. Erleichtert wurde unser Experiment (denn als solches haben wir es von Anfang an begriffen) durch zwei Schauspieler, die sehr früh unseren „Ansatz", wie man damals sagte,

sich zu eigen machten: Rosel Schäfer und Helmut Berger. Es war dann auch Rosel Schäfer, die unsere mitunter widersprüchlichen Intentionen und vielleicht auch nicht immer klaren Anweisungen für sich so zu übersetzen wusste, dass der große Monolog, das Gedicht „Die Frau" (aus „Fleischer und Frau"), mit schrecklicher, banger und klammer Unbarmherzigkeit zu hören und zu sehen war. Sie wischte den (Bühnen-)Boden, und doch war ihre Sprechhaltung an keiner Stelle naturalistisch eingefärbt. Von ihr haben wir gelernt.

Mit Harun arbeiten ist ein anstrengendes *und* anregendes Unterfangen. Zäh und scheinbar unbeirrt hält er an der Priorität der Wirkung vor dem schnellen Erfolg fest. Geduldiges Insistieren auf der wirkungsvollen Dauer, anti-nihilistischer Blick und materialistischer Impuls bestimmen die Ethik und die Ästhetik seiner Arbeit. Schön sind die Augenblicke, wenn unvermutet sein Gedankenfluss stockt, weil plötzlich etwas Neues, Fremdes, das Unvertraute im Vertrauen ihm in die Quere gekommen sind. Dann sehen wir ihn staunen, und dann enthüllt sich der *Gesprächspartner*, den wir uns immer gewünscht haben.

Zuerst veröffentlicht in *Der Ärger mit den Bildern. Die Filme von Harun Farocki,* hg. von Rolf Aurich und Ulrich Kriest, Konstanz: UVK 1998, S. 23–26.

Links: Seite aus dem Programmheft

Left: page from the program booklet

POLIZEIKOMMANDO DES KANTONS BASEL-STADT

VERWALTUNGSABTEILUNG / KOMMANDODIENSTE

Basel, 28. Oktober 1976

4001 Basel, Spiegelhof
✆ 061 25 17 17

LAUTSPRECHERBEWILLIGUNG IM FREIEN

Herr S e n n c/o Stadttheater Basel, zwecks Ansage einiger
Theaterszenen auf Allmend,

wird gestützt auf § 71 des Polizeistrafgesetzes bewilligt, am Samstag, den 30.10.1976
wie folgt ein Megaphon in Betrieb zu nehmen:

          Münsterplatz / Freie Strasse/Münsterberg zwischen 13 - 14 Uh
          Peterskirche / Bernoullianum   "   14 - 15 "
          Marktplatz / Schifflände und Claraplatz   "   15 - 17 Uh
eine stationäre oder tragbare Lautsprecheranlage im Freien in Betrieb zu setzen.

Es sind folgende Bedingungen einzuhalten:

1. Lautsprecher sind so zu montieren oder zu tragen, dass sich der Schall gegen den
   Boden richtet. Auf Fahrzeugen montierte Lautsprecher sind nicht gestattet.

2. Der Verkehr darf durch den Lautsprecherbetrieb nicht gefährdet und die Ruhe der
   Anwohnerschaft nicht unnötig gestört werden (§ 70 PStG).

3. An öffentlichen Ruhetagen ist die Benützung der Lautsprecher erst ab 1030 Uhr gestattet. An hohen Feiertagen bleibt sie gänzlich verboten (§ 55 PStG).

4. Nach 2200 Uhr ist die Benützung der Lautsprecher verboten (§ 75 PStG).

5. Auf Sportanlagen dürfen nur Kommentare und Meldungen zum sportlichen Geschehen
   oder Musik übertragen werden. Jede wirtschaftliche Reklame ist verboten.

6. Die Lautstärke der verwendeten Anlagen darf die in der Verordnung zur Bekämpfung
   von übermässigem Lärm vom 14. März 1966 festgelegten Höchstwerte für die einzelnen
   Lärmzonen nicht überschreiten.

7. Die Bewilligung gilt nur auf Zusehen hin. Sie kann bei Nichteinhalten der Bedingungen
   oder aufgrund berechtigter Klagen jederzeit zurückgezogen oder eingeschränkt werden.

Gebühr: Fr. 10.--.

POLIZEIKOMMANDO
Verwaltungsabteilung

Kopie geht an: HW Spiegelhof
                PP Clara

Wm Schäublin

Links: Offizielle „Lautsprecherbewilligung" des Kantons Basel-Stadt; oben: Harun Farocki und Hanns Zischler, 30.10.1976

Left: official permit to use loudspeakers in public, issued by the police authorities of Kanton Basel-Stadt; above: Harun Farocki and Hanns Zischler, October 30, 1976

Anja Quickert
Bilder können alles bedeuten
Nachdenken über das, was bleibt: *Die Schlacht/Traktor*

I. BILDER

„Bilder bedeuten alles im Anfang. Sind haltbar. Geräumig.
Aber die Träume gerinnen, werden Gestalt und Enttäuschung.
Schon den Himmel hält kein Bild mehr. Die Wolke, vom Flugzeug
Aus: ein Dampf der die Sicht nimmt. Der Kranich nur noch ein Vogel. [...]"[1]

Die „Bilder", die in Heiner Müllers gleichnamigem Gedicht aus dem Jahr
1950 „im Anfang" noch alles bedeuten, befinden sich im Spannungsfeld
zweier gegensätzlicher Dynamiken: ihrer Erstarrung, dem Verlust ihrer Ge-
räumigkeit also, die ein Reservoir für die Vorstellungen von Welt ist,
und ihrer Auflösung, dem Verlust ihrer Form, der ihre Kenntlichkeit in reiner
Materialität auflöst. Die Erstarrung der Bilder, ihre Über-Formung, ist
ideologisch motiviert, ihre Auflösung hängt mit der fehlenden Distanz der
Betrachter*in zusammen, dem Verlust einer Perspektive. Davon, dass
Bilder Welt abbilden können, ist bei Müller keine Rede. Eher vermitteln sie
einen äußerst fragilen Zugang zu deren Realität.

Heiner Müller denkt sein Schreiben in Bildern. Ausgangspunkt, auch für
seine Dramen, ist immer die Poesie, die Struktur einer Metapher, die sich
nicht einfach auf Bedeutung reduzieren lässt. Sein Text „Bildbeschreibung"
erscheint wie der nachholende Versuch, das „Verlöschen der Welt in den
Bildern" (wie es einmal in *Traktor* heißt), im Modus der beschreibenden Er-
zählung wieder einzuholen, das Bild durch Handlung und Zeitlichkeit
lebendig werden zu lassen, und vor allem: den Rahmen des Bildes durch
seine Beschreibung zu sprengen.

Als Sprach-Bildner ist sich Müller des „Bombardements der Bilder" bei
„lebenslangem Sehzwang" immer bewusst. Wie existenziell und program-
matisch das „Bild" für Heiner Müllers Denken und Schreiben ist, bringt er in
einem Gespräch mit der Regisseurin Ruth Berghaus Mitte der 1970er Jahre

---

1 Das vollständige Gedicht mit dem Titel *BILDER* ist nachzulesen in: Heiner Müller: *Werke,
   Bd. 1: Die Gedichte*, hg. v. Frank Hörnigk, Frankfurt am Main: Suhrkamp 1998, S. 14. Es
   ist auch auf dem Titelbild der Doppelausgabe 299/300 (November/Dezember 1981) der
   von Farocki maßgeblich geprägten Zeitschrift *Filmkritik* abgedruckt, die dem Thema
   „Bilder" gewidmet ist.

zum Ausdruck: „Ein Bild ist auch immer eine Verdrängung von anderen Bildern, ein Zudecken der anderen. Wieso habe ich das Recht, gerade dieses Bild auszuwählen und damit ein anderes zuzudecken? Das hat auch etwas mit Selektion zu tun. Die Judenverfolgung ist die Gegenbewegung zum Bilderverbot. Auschwitz wäre nicht möglich ohne ein Bild vom Juden. Man muß ein Bild von etwas haben, bevor man es zerstören kann."[2] Nicht allein die Bildproduktion und ihr Gebrauch, sondern auch der Akt des Sehens ist ein politischer – und das Theater ein Ort, an dem das Sehen kollektiv organisiert wird.

„Jeder sollte sich von sich selber entfernen, sonst fällt der Schrecken weg, der zum Erkennen nötig ist", knüpft Heiner Müller in einem Gespräch mit dem Philosophen Wolfgang Heise an die Traditionslinie von Bertolt Brecht an. „Das ist, glaube ich, ein sehr zentraler Punkt, und viele seiner Innovationen oder Techniken lassen sich subsumieren unter diese Kategorie der Entfernung. Man sieht ja nur aus der Distanz; wenn man mit dem Auge auf dem Gegenstand liegt, sieht man ihn nicht. Wer bei sich bleibt, lernt nicht."[3] – Das Drama findet bei Müller nicht auf der Bühne statt, sondern zwischen Bühne und Zuschauerraum; er zielt auf „die Einheit von Distanz und Betroffensein"[4] und – wie er im Gespräch mit Harun Farocki 1981 erklärt –: „Mich interessiert Verarbeitung von Realität und nicht die Realität selbst."[5] Heiner Müllers intensive Auseinandersetzung mit „Bildern", ihrer Wirkmacht und politischen Funktion, war ein wesentlicher Grund für Harun Farockis Interesse an Heiner Müllers Arbeit.

„Wir haben Filmbilder in die Aufführung der Szenen von Heiner Müller hineingenommen: Wie er die Worte, wendeten wir die Bilder hin und her, um einen Funken Gebrauchswert aus diesem täglichen Bildschutt zu schlagen", erklärt Harun Farocki seinen und Hanns Zischlers (durch die filmischen Intermedien durchaus eigenwilligen) Zugriff auf Heiner Müllers szenische Fragmente *Die Schlacht/Traktor* im begleitenden Text.[6] „Die meisten

---

2   „Ruth Berghaus und Heiner Müller im Gespräch" (1987), in: Heiner Müller: *Werke Bd. 11. Gespräche 2. 1987–1991*, hg. v. Frank Hörnigk. Frankfurt am Main: Suhrkamp 2008, S. 99.
3   „Ein Gespräch zwischen Wolfgang Heise und Heiner Müller" (1986), in: Heiner Müller: *Werke Bd. 10. Gespräche 1. 1965–1987*, hg. v. Frank Hörnigk. Frankfurt am Main: Suhrkamp 2008, S. 503.
4   „Ruth Berghaus und Heiner Müller im Gespräch", S. 79.
5   „Mich interessiert die Verarbeitung von Realität. Ein Gespräch mit Harun Farocki" (1981), in: Müller, *Werke Bd. 10*, S. 162.
6   Von der Basler Inszenierung existiert kein Mitschnitt. Alle visuellen Eindrücke beziehen sich auf Farockis/Zischlers Einrichtung von Heiner Müllers *Die Schlacht/Traktor* für das Fernsehprogramm des SFB im Frühjahr 1976. Dass Farockis Text im Programmheft der Theaterinszenierung abgedruckt wurde, lässt darauf schließen, dass für die Aufführung im Theater Basel weitgehend identisches Filmmaterial wie für die Fernseharbeit verwendet wurde.

dokumentarischen Bilder, die es gibt, haben kaum einen Dokumentenwert", fasst er die Suche nach der passenden historischen Bebilderung zusammen. „Es werden kaum Vorgänge aufgenommen, fast nur Bildmetaphern. Schlagbilder wie Schlagworte. Diese ganze Phraseologie: die Bilder dokumentieren nur die Sprechweise der Filmpublizistik zu einer bestimmten Zeit."[7]

Dass Farockis/Zischlers Inszenierung allerdings überhaupt die programmatischen Lücken füllen will, die Müller bewusst im nur lose verbundenen Fragmentarischen der Szenenfolge belassen hat, erstaunt (auch wenn beide das Theater vom Film herkommend denken). Zwar ergänzen die Filmsequenzen mit Bildern von Hitler, SA-Aufmärschen vor dem Brandenburger Tor oder Kriegsszenen grundsätzlich Müllers montagehafte Verfahrensweisen. Gleichzeitig verorten sie die szenischen Bilder unzweifelhaft im historischen deutschen Faschismus (und im sozialistischen Aufbau), und verschenken damit die Möglichkeit, den Fokus stärker auf die Muster und Konstellationen zu legen, auf die Müllers Schreiben zuvorderst abzielt – und sie für (beispielsweise) Schweizer Kontexte anschlussfähiger zu machen. – „Bilder könnten alles bedeuten" hatte Harun Farocki seinen Begleittext zur Basler Inszenierung mit Anspielung auf Müllers Gedicht betitelt.

Müller selbst formulierte den Kern seiner literarischen Faschismusbearbeitung in einem Gespräch zur Berliner Inszenierung an der Volksbühne 1975 als Beschreibung von „Zwangslagen, wo der subjektive Faktor eigentlich nur noch negativ vorkommt. Und das ist sogar jetzt eine Frage an mich selbst: Wieweit ist das richtig, und was ergibt das für ein Gesamtbild. Weil mich daran einmal – und das ist eine Polemik dagegen – dieser moralische Antifaschismus interessiert hat, der natürlich überhaupt nichts einbringt. Weil Unschuld eben ein Glücksfall war. Es gab Leute, die sind nie in solche Situationen gekommen, und das sind die Unschuldigen. Und andererseits kann man von keinem, der in solche Situationen gerät, verlangen, oder es ist ein moralischer Appell, daß er sich anders verhält als die Figuren in den Szenen."[8]

II. UNSCHULD

„In der FAZ fand ich ein heftiges Dementi der Behauptung, die Schweiz sei im Hegelschen Sinne die Verkörperung des Bösen im imperialistischen Weltgeist", notiert Farocki irgendwann während der Arbeiten an der Basler

---

7 Harun Farocki: „Bilder könnten alles bedeuten", in: *Die Schlacht. Szenen aus Deutschland*, hg. v. Basler Theater Direktion, Redaktion: Dramaturgie. Zusammengestellt von Klaus Völker, Premiere 2. November 1976, nicht paginiert. Auch in diesem Heft veröffentlicht.

8 „Gespräch mit Bernard Umabrecht", in: Müller, *Werke Bd. 10*, S. 100.

Inszenierung. Davon abgesehen – zumal aus heutiger Perspektive, und angesichts des sich über Jahrzehnte hinziehenden, allenfalls halbherzigen Ringen der Schweiz um Selbstaufklärung – verblüfft bei der Sichtung des Materials rund um die Inszenierung von 1976 vor allem die konsequente Abwesenheit einer Reflexion über die Rolle der Schweiz als internationaler Geschäftspartner des Nationalsozialismus. Eine Zusammenarbeit, die den Zweiten Weltkrieg und Auschwitz mit ermöglicht hat und die fast zeitgleich in Richard Dindos und Niklaus Meienbergs Dokumentarfilm *Die Erschiessung des Landesverräters Ernst S.* (1976) ausdrücklich thematisiert wurde.[9] Selbst wenn man das allgemeine Nichtwissen(-Wollen) um diese konkreten politischen und ökonomischen Verstrickungen der Schweiz beim Schweizer Publikum voraussetzt, bleibt die diskursive Leerstelle irritierend: Weder Heiner Müller noch Harun Farocki galt „der Kapitalismus" als politisch-ökonomische Ordnung als unschuldig (und die Basler Theatertruppe war zuvor in einer von amtlicher Seite sanktionierten Guerilla-Marketing-Aktion auf einem Traktor durch die Straßen gezogen und hatte Müller-Texte deklamiert).

Aus den Presseberichten lässt sich dagegen ablesen, wie selbstgewiss einige Kritiker*innen sich in ihrem Theatersessel zurückgelehnt haben: „Der fehlende Aktualitätsbezug und die vom Zahn der Zeit angenagte Brisanz brachten das Ganze jedoch um jegliche Wirkung – dies zumindest in einem Land wie dem unsrigen, das den deutschen Nationalsozialismus als potenzielles Opfer eines möglichen Angriffs und nicht auf der Seite der Verlierer erlebt hat. Heiner Müllers Faschismusbegriff ist sicher nicht der unsrige, bleibt für uns bis zu einem gewissen Grad ‚exotisch', uneinfühlbar", erklärt die Kritikerin Esther Cornioley. Und: „Wir identifizieren uns mit den Opfern, nicht mit den Henkern." (Basler Nachrichten, 4.11.1976) Paul Schorno ergänzt die Unschuldsüberzeugung im Basler Volksblatt: „Wir Schweizer haben da natürlich den grossen Ueberblick und können uns die Abstraktionen leisten, unter denen wir etwa diese akzeptieren, weil sie nicht für uns allein gilt: Gewarnt wird vor dem Faschismus in jeder Form." Oder später im Text noch zugespitzter und verständlicher formuliert: „Was soll uns das noch angehen?", gefolgt von „Wer wüsste heute nicht, was man wissen muss?", oder um zur eigentlichen „Schlussfrage" des Abends zu kommen: „Für wen, wozu und warum wurde dieses Werk als Schweizerische Erstaufführung in Szene gesetzt?" (*Basler Volksblatt*, 4.11.1976)

---

9 Die Theaterkritik „Agitprop als Mysteriendrama" von Esther Cornioley in den *Basler Nachrichten* vom 4.11.1976 erwähnt die Dokumentation von Niklaus Meienberg sowie Edgar Bonjours neunbändige *Geschichte der schweizerischen Neutralität – Vier Jahrhunderte eidgenössischer Aussenpolitik* (erschienen 1965–1976) explizit.

Ein Blick auf die Rückseite des Programmhefts rückt es (wahrscheinlich unfreiwillig) in die Nähe von politischer Satire: Offensichtlich kofinanzierte die Schweizerische Bankgesellschaft („International banking – made in Switzerland") durch eine ganzseitige Werbung die Druckkosten: „Mit dem vielseitigsten und wertvollsten aller Rohstoffe – Geld – verstehen wir umzugehen. Wir halten es in jeder Form, auf ihre besonderen Bedürfnisse zugeschnitten, zur Verfügung, damit es Ihnen helfen kann, neue Projekte in Angriff zu nehmen, neue Produkte zu entwickeln, neue Märkte zu erschließen."

„Das Penetrante an den Westdeutschen ist ihre Unschuld"[10], wurde Heiner Müller nicht müde zu erklären. Ein Gang durch eine westliche Fußgängerzone, Sinnbild des Konsums auf Kosten der Leben der Schwächeren, war für Müller „fast mit Ekel verbunden. Diese Unschuld. Die sind an nichts schuld, an nichts schuld gewesen und sind auch jetzt an nichts schuld."[11]

„Zeitgewinn im Sinne des Kapitalismus ist Zeitverlust für das Subjekt", erklärt er Anfang der neunziger Jahre im Gespräch mit Frank Raddatz. „Von der kapitalistischen Struktur her gesehen, ist die Ameise der ideale Mensch. […] Der Mensch ist der Feind der Maschine, für jedes geordnete System ist er der Störfaktor. Er ist unordentlich, macht Dreck und funktioniert nicht. Also muß er weg, und das ist die Arbeit des Kapitalismus – der Struktur der Maschine. Der Logik der Maschine entspricht die Reduzierung des Menschen auf den Rohstoff, auf das Material plus Zahngold. Auschwitz ist der Altar des Kapitalismus. Rationalität als einziges verbindliches Kriterium reduziert den Menschen auf seinen Materialwert."[12]

Man muss Heiner Müllers Faschismusbegriff natürlich nicht teilen. Auch seine Kapitalismuskritik kann man ablehnen. Aber sein Brief an den Redakteur Martin Linzer anlässlich der für den Herbst 1975 geplanten Uraufführung von *Die Schlacht/Traktor* an der Berliner Volksbühne trifft einen gesellschaftlichen Kern: „Sie fragen nach der ,aktuellen Relevanz' von SCHLACHT/ TRAKTOR. Daß Sie die Frage für notwendig halten, verweist auf die Antwort: Die Aushöhlung von Geschichtsbewußtsein durch einen platten Begriff von Aktualität. Das Thema Faschismus ist aktuell und wird es, fürchte ich, in unsrer Lebenszeit bleiben."[13]

---

10 „New York ist die Zukunft von Berlin" [Heiner Müller im Gespräch mit Constructiv] (1990), in: Müller, *Werke Bd. 11*, S. 746.

11 Heiner Müller: „Gespräch und Werkzitate", TV-Aufzeichnung von 3sat, YouTube-Kanal „Text und Bühne", https://www.youtube.com/watch?v=AsW0EMatbnU (14:40)

12 „Denken ist grundsätzlich schuldhaft" [Heiner Müller im Gespräch mit Frank Raddatz] (1990), in: Müller, *Werke Bd. 11*, S. 669.

13 Heiner Müller: „Ein Brief", in: Ders.: *Theater-Arbeit*, Berlin: Rotbuch 1975, S. 124. Wiederveröffentlicht in diesem Heft.

Editorische Notiz

„In Basel gingen wir einer sauberen Arbeit in geschlossenen Räumen nach. Wir hatten Zeit ins Kino zu gehen und den Filmen nachzuhängen. Die Kinos in der City waren alle zu Fuß bequem zu erreichen, sie waren geräumig und hatten eine außerordentlich gute Projektion."[1] Die saubere Arbeit in geschlossenen Räumen, von der Harun Farocki hier spricht, bestand darin, gemeinsam mit Hanns Zischler Heiner Müllers Stücke *Die Schlacht / Traktor* für das Theater Basel zu inszenieren. Die Proben fanden im Herbst 1976, die Premiere am 2. November statt. Bereits im Frühjahr des gleichen Jahres hatten Zischler und Farocki *Die Schlacht* im Auftrag des Sender Freies Berlin (SFB) für das Fernsehen eingerichtet.

Für Farocki blieb die Basler Inszenierung die einzige Regiearbeit am Theater. Mit Heiner Müller aber blieb er im intellektuellen Austausch. An der Einrichtung von Müllers Text *Die Hamletmaschine* für den Hörfunk arbeiteten die beiden 1978 zusammen, für die Zeitschrift *Filmkritik* (Mai 1981) führten sie ein Gespräch, das in Auszügen auch im WDR-Fernsehmagazin *Kino 81* Verwendung fand.

Das vorliegende Heft versammelt einige Materialien um die Basler Aufführung. Klaus Völker, damals Dramaturg am Basler Haus, erinnert sich an die Hintergründe der Zusammenarbeit und macht einen Teil seiner damaligen Notizen zugänglich. Heiner Müllers Brief an Martin Linzer, Theaterkritiker und Dramaturg in der DDR, ein Text Farockis aus dem Basler Programmheft, sowie Fotografien der Produktion erschließen einen Teil des Kontexts. In den späten 1990er Jahren schrieb Hanns Zischler einen Erinnerungstext über die Arbeit mit Farocki, der für dieses Heft in Englische übersetzt wurde. Anja Quickert, als Theaterwissenschaftlerin, Dramaturgin und freie Autorin maßgeblich in der Internationalen Heiner Müller Gesellschaft engagiert, kontextualisiert die Dokumente, denkt über einige der damaligen Inszenierungsideen nach und weist darauf hin, dass die Schweizer Allianzen während des Nationalsozialismus im angrenzenden Deutschland in der Inszenierung nicht zum Thema wurden.

Über die ästhetischen und politischen Affinitäten zwischen Heiner Müller und Harun Farocki ist bisher wenig geschrieben worden. Die hier abgedruckten Materialien könnten einen Anfang darstellen.

Volker Pantenburg
HaFI, Berlin und Farocki Forum der UZH, Zürich, im Februar 2022

---

1   Beide Zitate aus Harun Farocki: „Ein Zigarettenende…", in: *Filmkritik* Nr. 241, Januar 1977, S. 36–48: 36. Wiederveröffentlicht in Harun Farocki: *Nachdruck / Imprint* (2001) sowie in Band 4 der „Schriften" Harun Farockis (2019).

Impressum

Herausgeber: Volker Pantenburg
Redaktion: Pascal Maslon
Gestaltung: Daniela Burger, buerodb.de; Assistenz: Lena Rossbach
Lithografie: prints-professional, Berlin

Druck: Druckerei Sportflieger, Berlin
Fonts: Neutral BP, Excelsior
Papier: Munken Lynx, Efalin Feinleinen
Auflage: 1500
ISBN: 978-2-940672-38-7

Dank an: Antje Ehmann, Anna Faroqhi, Lara Faroqhi sowie
die Autor*innen, Rolf Aurich, Eva Behrendt, Ulrich Kriest, Tom Sellar,
Klaus Völker und Martin Weiss

www.harun-farocki-institut.org
HaFI 016

Harun
Farocki
Institut

Universität
Zürich UZH

Dieses Heft wurde mit Mitteln des Farocki Forums am Seminar für
Filmwissenschaft der Universität Zürich produziert.